MW01480894

Doro Ottermann

Tagebuch

für gute und schlechte Tage

Zum Ankreuzen und Ausfüllen

mosaik

FSC
www.fsc.org

MIX
Papier aus verantwor-
tungsvollen Quellen
FSC® C083411

Penguin Random House Verlagsgruppe FSC® N001967

Impressum

19. Auflage
©2012 Wilhelm Goldmann Verlag, München,
in der Penguin Random House Verlagsgruppe GmbH
Umschlaggestaltung: Eisele Grafik-Design
Umschlagillustration: Doro Ottermann
Gestaltung: Doro Ottermann
Gesamtherstellung: CPJ books GmbH, Leck
CH _ Herstellung IH
Printed in the Czech Republic
ISBN 978-3-442-39210-0

www.mosaik-verlag.de

Tagebuch von <u>Mathilda Wegner</u>

Meine Ziele und Wünsche: _____

_____

_____

_____

_____

_____

_____

_____

_____

_____

_____

_____

_____

_____

Das verhagelt mir die Laune :

Und das macht mich glücklich:

Datum: _____ Uhrzeit: _____

So sieht die Laus aus, die mir
über die Leber gelaufen ist:

♩♩   ♩♩

Das ging heute schief: _____
_____
_____

Trotzdem aus Versehen gelacht? ☐ mal
Worüber? _____

Damit hab ich ziemlich viel Zeit verplempert: _____
_____

Bereue ich es? ☐ ja ☐ nein

Das ging mir gegen den Strich: _____
_____
_____

Drei Dinge, die ich morgen besser machen könnte:
1. _____
2. _____
3. _____

So fühle ich mich:

	ja	nein	etwas		ja	nein	etwas
niedlich	☐	☐	☐	lebendig	☐	☐	☐
gelassen	☐	☐	☐	vorlaut	☐	☐	☐
extrovertiert	☐	☐	☐	überschwänglich	☐	☐	☐
verdutzt	☐	☐	☐	verdreht	☐	☐	☐
geschwätzig	☐	☐	☐	motiviert	☐	☐	☐
genial	☐	☐	☐	_____	☐	☐	☐

Menschen getroffen: ☐ Stück, Namen: _____

Liebster Gesprächspartner: _____
So viele Menschen hab ich mit meiner guten Laune angesteckt:
☐ Stück, Namen: _____

Das habe ich heute getan, um meinen Zielen näher zu kommen:

_____
_____
_____

Das war sonst noch so los: _____

_____
_____

Ich freue mich auf morgen, ☐ weil ☐ obwohl _____

_____
_____
_____

Datum: _____   Uhrzeit: _____

🌧️

Ich fühle mich:

	ja	nein	etwas		ja	nein	etwas
ratlos	☐	☐	☐	resigniert	☐	☐	☐
verpennt	☐	☐	☐	verzagt	☐	☐	☐
sachlich	☐	☐	☐	leer	☐	☐	☐
chaotisch	☐	☐	☐	unflexibel	☐	☐	☐
idiotisch	☐	☐	☐	bedrückt	☐	☐	☐
verloren	☐	☐	☐	_____	☐	☐	☐

Das habe ich heute gemacht: _____
_____

Und das hätte ich viel lieber gemacht: _____
_____
_____

Ich hab darüber nachgedacht, ob ich _____
_____ oder besser nicht. Nach reiflicher
Überlegung bin ich zum Entschluss gekommen, dass _____
_____

Sind Zweifel angebracht? ☐ auf jeden Fall! ☐ höchstens kleine
Warum? _____
_____

Schlimmster Tiefpunkt des Tages: _____
_____
_____

So weit bin ich über meinen Schatten gesprungen:

1 2 3 4 5 6 7 8 9 10 11

Ich bin stolz darauf, dass ich _____

_____

Das war zwar nicht so optimal: _____

_____,

aber dafür hat das ganz gut geklappt: _____

_____

Auch das hat mich motiviert: _____

_____

Diese drei Kleinigkeiten haben mir Freude gemacht:

1. _____

2. _____

3. _____

Gelacht: ☐ mal. Worüber? _____

_____

Schönster Höhepunkt des Tages: _____

_____

_____

Datum: _____   Uhrzeit: _____

So voll hab ich die Nase:
(Füllstand einzeichnen)

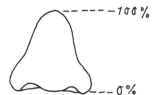

– – – – – 100 %

– – 0 %

Damit hab ich mich heute abgekämpft: _____
_____
_____

Das ging mir dabei durch den Kopf: _____
_____
_____

Da war der Wurm drin: _____
_____
_____

Wie schwer fällt es mir gerade, positiv zu denken?
☐ sehr schwer ☐ es ist möglich
Warum? _____
_____

Ein bisschen Platz für allgemeines Genörgel: _____
_____
_____
_____

Ich fühle mich:

	ja	nein	etwas		ja	nein	etwas
glücklich	☐	☐	☐	erholt	☐	☐	☐
anständig	☐	☐	☐	zahm	☐	☐	☐
unvergesslich	☐	☐	☐	spendabel	☐	☐	☐
hoffnungsvoll	☐	☐	☐	fleißig	☐	☐	☐
schüchtern	☐	☐	☐	einzigartig	☐	☐	☐
nüchtern	☐	☐	☐	_____	☐	☐	☐

Davon hab ich mich überhaupt nicht stressen lassen: _____
_____
_____

Gute Nachrichten: _____
_____
_____
_____

Ich spiele mit dem Gedanken _____
_____
_____

So zufrieden bin ich: 0% [   ] 100%

Morgen wird ein guter Tag, weil _____
_____
_____
_____

Datum: _____ Uhrzeit: _____

So fühle ich mich:

	ja	nein	etwas			ja	nein	etwas
schrecklich	☐	☐	☐	geizig		☐	☐	☐
verklemmt	☐	☐	☐	hässlich		☐	☐	☐
naiv	☐	☐	☐	dünnhäutig		☐	☐	☐
primitiv	☐	☐	☐	entrückt		☐	☐	☐
herrisch	☐	☐	☐	überflüssig		☐	☐	☐
aufgebracht	☐	☐	☐	verschlossen		☐	☐	☐
geradlinig	☐	☐	☐	hormongesteuert		☐	☐	☐
wortkarg	☐	☐	☐					

Das hätte ich gerne anders gemacht: _____
_____
_____

Habe ich meine Ziele zu hoch gesteckt? ☐ ja ☐ nein ☐ etwas
Details: _____
_____

Plagen mich Zweifel? ☐ ja ☐ nein
Welche? _____

Das ist wirklich ☐ ein Drama! ☐ alles halb so wild

So gestresst bin ich: 0% [   ] 100%

Das geht mir auf den Keks: _____
_____

Freude

wie ein
Schneekönig

kaum vorhanden

6   9   12   15   18   21   Uhrzeit

Besser hätte es nicht kommen können. Morgens habe ich _____

_____,

danach war ich _____

_____ und abends habe ich _____

Auch in dieser Hinsicht wurden meine Erwartungen übertroffen:

_____

_____

Könnte es noch besser kommen? ☐ ja ☐ nein ☐ vielleicht
Wie? _____

_____

Hat mir jemand eine Freude gemacht? ☐ ja ☐ nein
Wer? Womit? _____

_____

_____

Das wünsche ich mir für ☐ morgen ☐ die Zukunft: _____

_____

_____

_____

Datum: _____   Uhrzeit: _____

Wehwehchen und Zipperlein:
(entsprechende Körperteile markieren)

So viel Zeit hab ich verschwendet mit

Arbeiten: ___ Stunden   Grübeln: ___ Stunden

Essen: ___ Stunden   Hadern: ___ Stunden

Fernsehen: ___ Stunden   _____: ___ Stunden

Wäre ich lieber im Bett geblieben? ☐ja ☐nein

Warum? _____

_____

Meine größte Angst ist gerade, dass _____

_____

_____, aber_____

_____

Geweint: ☐ mal. Worüber? _____

_____

Der Aufreger des Tages: _____

_____

_____

_____

Ich fühle mich:

	ja	nein	etwas		ja	nein	etwas
friedlich	☐	☐	☐	still	☐	☐	☐
exotisch	☐	☐	☐	gut	☐	☐	☐
ehrenhaft	☐	☐	☐	lieblich	☐	☐	☐
beeindruckt	☐	☐	☐	phänomenal	☐	☐	☐
fürsorglich	☐	☐	☐	frech	☐	☐	☐
schrill	☐	☐	☐	so lala	☐	☐	☐
verhuscht	☐	☐	☐	entspannt	☐	☐	☐
renitent	☐	☐	☐	_____	☐	☐	☐

Das hat mich ziemlich glücklich gemacht: _____

_____

Und das hat mich zum Lachen gebracht: _____

_____

Hab ich mich selbst überrascht? ☐ ja ☐ nein
Womit? _____

_____

Dafür hätte ich einen Orden verdient: _____

_____

_____

Morgen könnte ich _____

_____

_____

Datum: _____   Uhrzeit: _____

Ich fühle mich:

	ja	nein	etwas		ja	nein	etwas
schlapp	☐	☐	☐	überheblich	☐	☐	☐
einsam	☐	☐	☐	enttäuscht	☐	☐	☐
gebildet	☐	☐	☐	hässlich	☐	☐	☐
feindselig	☐	☐	☐	langsam	☐	☐	☐
debil	☐	☐	☐	penibel	☐	☐	☐
verbrämt	☐	☐	☐	sensibel	☐	☐	☐
stur	☐	☐	☐	erbost	☐	☐	☐
verschlossen	☐	☐	☐	_____	☐	☐	☐

Damit hatte ich echt Pech: _____
_____

Und das fehlt mir gerade: _____

Ich bin mit der Gesamtsituation ☐ unzufrieden ☐ zufrieden, weil
_____
_____
_____

Möchte ich heute lieber jemand anders sein? ☐ ja ☐ nein
Wenn ja, wer? _____

Nervt mich die gute Laune anderer? ☐ ja ☐ nein
Und wieso? _____
_____

So glücklich bin ich:

Diese Farbe beschreibt meine Laune am besten: _____

Komplimente bekommen? ☐ ja ☐ nein
Wenn ja, wofür? _____

Und jetzt mach ich mir selbst noch welche!
Das hab ich gut gemacht: _____
_____ ,
und ganz besonders Hut ab für meine _____
_____

Dumm gelaufen: _____
_____
_____ ,
aber das Gute daran ist _____
_____
_____

Drei besondere Momente des Tages:
1. _____
2. _____
3. _____

Datum: _____   Uhrzeit: _____

🌧

Stimmung:

Das hat mir heute gar nicht gut gefallen: _____

_____

_____. Schwamm drüber!

Ich habe _____ so richtig meine Meinung über

_____ gesagt.

Jetzt fühle ich mich ☐ besser ☐ schlechter ☐ genau wie vorher

Ich habe leider nicht mehr geschafft _____

_____, aber morgen hole ich es vermutlich nach.

Das hat mich nachdenklich gestimmt: _____

_____

_____

Verbesserungsvorschläge für ☐ morgen ☐ die Zukunft allgemein:

_____

_____

_____

So fühle ich mich:

	ja	nein	etwas		ja	nein	etwas
kreativ	☐	☐	☐	lustig	☐	☐	☐
zufrieden	☐	☐	☐	frei	☐	☐	☐
geheimnisumwoben	☐	☐	☐	feinsinnig	☐	☐	☐
bombastisch	☐	☐	☐	klug	☐	☐	☐
eingebildet	☐	☐	☐	flatterhaft	☐	☐	☐
schnell	☐	☐	☐	effizient	☐	☐	☐
sexy	☐	☐	☐	verlegen	☐	☐	☐
durchschnittlich	☐	☐	☐	_____	☐	☐	☐

Hab ich mich selbst übertroffen? ☐ ja ☐ nein
Wenn ja, womit? _____
_____
_____

Der schönste Gedanke des Tages: _____
_____
_____

Drei Dinge, die mich glücklich gemacht haben:
1. _____
2. _____
3. _____

Darauf freue ich mich: _____
_____
_____

Datum: _____   Uhrzeit: _____

☁️

Ich fühle mich

	ja	nein	etwas		ja	nein	etwas
schlecht	☐	☐	☐	niedergeschlagen	☐	☐	☐
resigniert	☐	☐	☐	aufgebracht	☐	☐	☐
kratzbürstig	☐	☐	☐	verschwiegen	☐	☐	☐
unbefriedigt	☐	☐	☐	gönnerhaft	☐	☐	☐
dekadent	☐	☐	☐	leer	☐	☐	☐
grüblerisch	☐	☐	☐	_____	☐	☐	☐

Das hat mir heute die Laune verhagelt: _____
_____

Ich sehe darin ☐ ein Problem ☐ eine Herausforderung, weil
_____

Die Zukunft sehe ich gerade
☐ schwarz ☐ weiß ☐ in vielen schillernden Grautönen

Wäre ich gerade lieber woanders? ☐ ja ☐ nein
Wenn ja, wo und warum? _____
_____

Nervigster Gesprächspartner: _____

Die Enttäuschung des Tages: _____
_____
_____
_____

Da schwimm ich auf der Welle des Erfolgs:

Das war ziemlich gut: _____
_____
_____

Das leider weniger: _____
_____, aber das macht nichts.

Hab ich mich selbst belohnt? ☐ ja ☐ nein
Wenn ja, womit und wofür? _____
_____

Wenn nein, warum nicht? _____
_____

So erholt bin ich: 0% [   ] 100%

Das habe ich genossen: _____
_____
_____

Guter Vorsatz für morgen: _____
_____
_____

Datum: _____   Uhrzeit: _____

So viele Haare waren in
der Suppe:

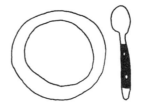

Das hat mir richtig schlechte Laune gemacht: _____

Das lag vor allem daran, dass: _____
_____

So bewerte ich die Gesamtsituation: 🕷 ☐   🐘 ☐

Diese Leute habe ich gesehen: _____

Und diese hätte ich viel lieber gesehen: _____
_____

Drei Dinge, die mich genervt haben:
1. _____
2. _____
3. _____

So frustriert bin ich: 0% [_____] 100%

Davor fürchte ich mich (ein wenig): _____
_____

Ich fühle mich:

	ja	nein	etwas		ja	nein	etwas
großherzig	☐	☐	☐	elfengleich	☐	☐	☐
kleingeistig	☐	☐	☐	geduldig	☐	☐	☐
leichtgläubig	☐	☐	☐	geliebt	☐	☐	☐
leichtsinnig	☐	☐	☐	freundlich	☐	☐	☐
zaghaft	☐	☐	☐	stark	☐	☐	☐
guter Dinge	☐	☐	☐	_____	☐	☐	☐

Bin ich meinen Zielen näher gekommen? ☐ ja ☐ nein
Inwiefern? _____
_____

Hab ich mich ablenken lassen? ☐ natürlich nicht ☐ minimal
Woron? _____

Das hätte nicht besser laufen können: _____
_____
_____

Drei Dinge, mit denen ich sehr zufrieden bin:
1. _____
2. _____
3. _____

Dieser Tag hat mir ☐ gut ☐ wahnsinnig gut gefallen, weil
_____
_____
_____

Datum: _____   Uhrzeit: _____

🌧️

Ich fühle mich:

	ja	nein	etwas			ja	nein	etwas
zweifelnd	☐	☐	☐	sentimental		☐	☐	☐
ruhig	☐	☐	☐	intelligent		☐	☐	☐
erschlagen	☐	☐	☐	rastlos		☐	☐	☐
verlogen	☐	☐	☐	platt		☐	☐	☐
zerknirscht	☐	☐	☐	widerborstig		☐	☐	☐
überrascht	☐	☐	☐	_____		☐	☐	☐

Schon nachdem ich aufgestanden bin, war ich genervt von _____

_____. Mittags habe ich leider _____

_____ und abends war ich

dann froh, dass _____

_____

Sonst noch was? _____

_____

_____

_____

Wie gut bin ich heute gescheitert?
☐ perfekt   ☐ annehmbar   ☐ fulminant   ☐ _____

Wovor hab ich Angst und warum? _____

_____

_____

So viele Flausen hab ich heute im Kopf:

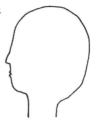

Damit hab ich meine Zeit verbracht:
Essen: ___ Stunden   Glücklich sein: ___ Stunden
Schlafen: ___ Stunden   Faulenzen: ___ Stunden
Lesen: ___ Stunden   _____: ___ Stunden

Ich habe heute nicht nur _____
_____
_____, sondern ich habe auch _____
_____

Darauf bin ich ☐ sehr ☐ ein bisschen stolz

Hans im Glück ___%, Pechmarie ___%

Das hat mich zum Lachen gebracht: _____
_____

Dieser Tag war mein Freund, weil _____
_____
_____
_____

Datum: _____   Uhrzeit: _____

So sieht die Laus aus, die mir
über die Leber gelaufen ist:

♩♩   ♩♩

Das ging heute schief: _____
_____
_____

Trotzdem aus Versehen gelacht? ☐ mal
Worüber? _____
_____

Damit hab ich ziemlich viel Zeit verplempert: _____
_____
_____

Bereue ich es? ☐ ja ☐ nein

Das ging mir gegen den Strich: _____
_____
_____

Drei Dinge, die ich morgen besser machen könnte:
1. _____
2. _____
3. _____

So fühle ich mich:

	ja	nein	etwas		ja	nein	etwas
niedlich	☐	☐	☐	lebendig	☐	☐	☐
gelassen	☐	☐	☐	vorlaut	☐	☐	☐
extrovertiert	☐	☐	☐	überschwänglich	☐	☐	☐
verdutzt	☐	☐	☐	verdreht	☐	☐	☐
geschwätzig	☐	☐	☐	motiviert	☐	☐	☐
genial	☐	☐	☐	_____	☐	☐	☐

Menschen getroffen: ☐ Stück, Namen: _____

Liebster Gesprächspartner: _____
So viele Menschen hab ich mit meiner guten Laune angesteckt:
☐ Stück, Namen: _____

Das habe ich heute getan, um meinen Zielen näher zu kommen:
_____
_____
_____

Das war sonst noch so los: _____
_____
_____

Ich freue mich auf morgen, ☐ weil ☐ obwohl _____
_____
_____
_____

Datum: _____   Uhrzeit: _____

☁️

Ich fühle mich:

	ja	nein	etwas		ja	nein	etwas
ratlos	☐	☐	☐	resigniert	☐	☐	☐
verpennt	☐	☐	☐	verzagt	☐	☐	☐
sachlich	☐	☐	☐	leer	☐	☐	☐
chaotisch	☐	☐	☐	inflexibel	☐	☐	☐
idiotisch	☐	☐	☐	bedrückt	☐	☐	☐
verloren	☐	☐	☐	_____	☐	☐	☐

Das habe ich heute gemacht: _____
_____

Und das hätte ich viel lieber gemacht: _____
_____
_____

Ich hab darüber nachgedacht, ob ich _____
_____ oder besser nicht. Nach reiflicher
Überlegung bin ich zum Entschluss gekommen, dass _____
_____

Sind Zweifel angebracht? ☐ auf jeden Fall! ☐ höchstens kleine
Warum? _____
_____

Schlimmster Tiefpunkt des Tages: _____
_____
_____

So weit bin ich über meinen Schatten gesprungen:

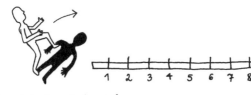

1 2 3 4 5 6 7 8 9 10 11

Ich bin stolz darauf, dass ich _____

_____

Das war zwar nicht so optimal: _____

_____,

aber dafür hat das ganz gut geklappt: _____

_____

Auch das hat mich motiviert: _____

Diese drei Kleinigkeiten haben mir Freude gemacht:

1. _____

2. _____

3. _____

Gelacht: ☐ mal. Worüber? _____

_____

Schönster Höhepunkt des Tages: _____

_____

_____

Datum: _____   Uhrzeit: _____

So voll hab ich die Nase:
(Füllstand einzeichnen)

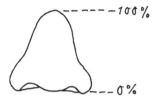

------ 100 %

---- 0 %

Damit hab ich mich heute abgekämpft: _____
_____
_____

Das ging mir dabei durch den Kopf: _____
_____
_____

Da war der Wurm drin: _____
_____
_____

Wie schwer fällt es mir gerade, positiv zu denken?
☐ sehr schwer ☐ es ist möglich
Warum? _____
_____

Ein bisschen Platz für allgemeines Genörgel: _____
_____
_____
_____

Ich fühle mich:

	ja	nein	etwas		ja	nein	etwas
glücklich	☐	☐	☐	erholt	☐	☐	☐
anständig	☐	☐	☐	zahm	☐	☐	☐
unvergesslich	☐	☐	☐	spendabel	☐	☐	☐
hoffnungsvoll	☐	☐	☐	fleißig	☐	☐	☐
schüchtern	☐	☐	☐	einzigartig	☐	☐	☐
nüchtern	☐	☐	☐	_____	☐	☐	☐

Davon hab ich mich überhaupt nicht stressen lassen: _____
_____
_____

Gute Nachrichten: _____
_____
_____
_____

Ich spiele mit dem Gedanken _____
_____
_____

So zufrieden bin ich: 0% [＿＿＿＿＿＿＿＿＿＿＿＿] 100%

Morgen wird ein guter Tag, weil _____
_____
_____
_____

Datum: _____   Uhrzeit: _____

So fühle ich mich:

	ja	nein	etwas			ja	nein	etwas
schrecklich	☐	☐	☐		geizig	☐	☐	☐
verklemmt	☐	☐	☐		hässlich	☐	☐	☐
naiv	☐	☐	☐		dünnhäutig	☐	☐	☐
primitiv	☐	☐	☐		entrückt	☐	☐	☐
herrisch	☐	☐	☐		überflüssig	☐	☐	☐
aufgebracht	☐	☐	☐		verschlossen	☐	☐	☐
geradlinig	☐	☐	☐		hormongesteuert	☐	☐	☐
wortkarg	☐	☐	☐		_____			

Das hätte ich gerne anders gemacht: _____
_____
_____

Habe ich meine Ziele zu hoch gesteckt? ☐ ja ☐ nein ☐ etwas
Details: _____
_____

Plagen mich Zweifel? ☐ ja ☐ nein
Welche? _____

Das ist wirklich ☐ ein Drama! ☐ alles halb so wild

So gestresst bin ich: 0% [_____] 100%

Das geht mir auf den Keks: _____
_____

Freude

wie ein Schneekönig

kaum vorhanden

6	9	12	15	18	21	Uhrzeit

Besser hätte es nicht kommen können. Morgens habe ich _____

_____ ,

danach war ich _____

_____ und abends habe ich _____

Auch in dieser Hinsicht wurden meine Erwartungen übertroffen:

_____

_____

Könnte es noch besser kommen? ☐ ja ☐ nein ☐ vielleicht
Wie? _____

_____

Hat mir jemand eine Freude gemacht? ☐ ja ☐ nein
Wer? Womit? _____

_____

_____

Das wünsche ich mir für ☐ morgen ☐ die Zukunft: _____

_____

_____

_____

Datum: _____   Uhrzeit: _____

Wehwehchen und Zipperlein:
(entsprechende Körperteile markieren)

So viel Zeit hab ich verschwendet mit

Arbeiten: ___ Stunden   Grübeln: ___ Stunden
Essen: ___ Stunden   Hadern: ___ Stunden
Fernsehen: ___ Stunden   _____: ___ Stunden

Wäre ich lieber im Bett geblieben? ☐ ja ☐ nein
Warum? _____
_____

Meine größte Angst ist gerade, dass _____
_____
_____, aber_____
_____

Geweint: ☐ mal. Worüber? _____
_____

Der Aufreger des Tages: _____
_____
_____
_____

Ich fühle mich:

	ja	nein	etwas		ja	nein	etwas
friedlich	☐	☐	☐	still	☐	☐	☐
exotisch	☐	☐	☐	gut	☐	☐	☐
ehrenhaft	☐	☐	☐	lieblich	☐	☐	☐
beeindruckt	☐	☐	☐	phänomenal	☐	☐	☐
fürsorglich	☐	☐	☐	frech	☐	☐	☐
schrill	☐	☐	☐	so lala	☐	☐	☐
verhuscht	☐	☐	☐	entspannt	☐	☐	☐
renitent	☐	☐	☐	_____	☐	☐	☐

Das hat mich ziemlich glücklich gemacht: _____
_____

Und das hat mich zum Lachen gebracht: _____
_____

Hab ich mich selbst überrascht? ☐ ja ☐ nein
Womit? _____
_____

Dafür hätte ich einen Orden verdient: _____
_____
_____

Morgen könnte ich _____
_____

Datum: _____   Uhrzeit: _____

🌧️

Ich fühle mich:

	ja	nein	etwas			ja	nein	etwas
schlapp	☐	☐	☐	überheblich		☐	☐	☐
einsam	☐	☐	☐	enttäuscht		☐	☐	☐
gebildet	☐	☐	☐	hässlich		☐	☐	☐
feindselig	☐	☐	☐	langsam		☐	☐	☐
debil	☐	☐	☐	penibel		☐	☐	☐
verbrämt	☐	☐	☐	sensibel		☐	☐	☐
stur	☐	☐	☐	erbost		☐	☐	☐
verschlossen	☐	☐	☐	_____		☐	☐	☐

Damit hatte ich echt Pech: _____
_____

Und das fehlt mir gerade: _____
_____

Ich bin mit der Gesamtsituation ☐ unzufrieden ☐ zufrieden, weil
_____
_____
_____

Möchte ich heute lieber jemand anders sein? ☐ ja ☐ nein
Wenn ja, wer? _____

Nervt mich die gute Laune anderer? ☐ ja ☐ nein
Und wieso? _____
_____

So glücklich bin ich:

Diese Farbe beschreibt meine Laune am besten: _____

Komplimente bekommen? ☐ja ☐nein
Wenn ja, wofür? _____

Und jetzt mach ich mir selbst noch welche!
Das hab ich gut gemacht: _____
_____,
und ganz besonders Hut ab für meine _____
_____

Dumm gelaufen: _____
_____
_____,
aber das Gute daran ist _____
_____

Drei besondere Momente des Tages:
1. _____
2. _____
3. _____

Datum: _____   Uhrzeit: _____

🌧

Stimmung:

ganz okay

wirklich mies

6   9   12   15   18   21   Uhrzeit

Das hat mir heute gar nicht gut gefallen: _____
_____
_____
_____. Schwamm drüber!

Ich habe _____ so richtig meine Meinung über
_____
_____ gesagt.

Jetzt fühle ich mich ☐ besser ☐ schlechter ☐ genau wie vorher

Ich habe leider nicht mehr geschafft _____
_____, aber morgen hole ich es vermutlich nach.

Das hat mich nachdenklich gestimmt: _____
_____
_____
_____

Verbesserungsvorschläge für ☐ morgen ☐ die Zukunft allgemein:
_____
_____
_____

So fühle ich mich:

	ja	nein	etwas			ja	nein	etwas
kreativ	☐	☐	☐	lustig		☐	☐	☐
zufrieden	☐	☐	☐	frei		☐	☐	☐
geheimnisumwoben	☐	☐	☐	feinsinnig		☐	☐	☐
bombastisch	☐	☐	☐	klug		☐	☐	☐
eingebildet	☐	☐	☐	flatterhaft		☐	☐	☐
schnell	☐	☐	☐	effizient		☐	☐	☐
sexy	☐	☐	☐	verlegen		☐	☐	☐
durchschnittlich	☐	☐	☐	_____		☐	☐	☐

Hab ich mich selbst übertroffen? ☐ ja ☐ nein

Wenn ja, womit? _____

_____

_____

Der schönste Gedanke des Tages: _____

_____

_____

Drei Dinge, die mich glücklich gemacht haben:

1. _____

2. _____

3. _____

Darauf freue ich mich: _____

_____

_____

Datum: _____   Uhrzeit: _____

Ich fühle mich

	ja	nein	etwas			ja	nein	etwas
schlecht	☐	☐	☐	niedergeschlagen		☐	☐	☐
resigniert	☐	☐	☐	aufgebracht		☐	☐	☐
kratzbürstig	☐	☐	☐	verschwiegen		☐	☐	☐
unbefriedigt	☐	☐	☐	gönnerhaft		☐	☐	☐
dekadent	☐	☐	☐	leer		☐	☐	☐
grüblerisch	☐	☐	☐	_____		☐	☐	☐

Das hat mir heute die Laune verhagelt: _____
_____

Ich sehe darin ☐ ein Problem ☐ eine Herausforderung, weil
_____

Die Zukunft sehe ich gerade
☐ schwarz ☐ weiß ☐ in vielen schillernden Grautönen

Wäre ich gerade lieber woanders? ☐ ja ☐ nein
Wenn ja, wo und warum? _____
_____

Nervigster Gesprächspartner: _____

Die Enttäuschung des Tages: _____
_____
_____
_____

Da schwimm ich auf der Welle des Erfolgs:

Das war ziemlich gut: _____
_____

Das leider weniger: _____
_____, aber das macht nichts.

Hab ich mich selbst belohnt? ☐ ja ☐ nein
Wenn ja, womit und wofür? _____
_____

Wenn nein, warum nicht? _____
_____

So erholt bin ich: 0% [   ] 100%

Das habe ich genossen: _____
_____
_____

Guter Vorsatz für morgen: _____
_____
_____

Datum: _____   Uhrzeit: _____

So viele Haare waren in
der Suppe:

Das hat mir richtig schlechte Laune gemacht: _____

Das lag vor allem daran, dass: _____
_____

So bewerte ich die Gesamtsituation: ☐   ☐

Diese Leute habe ich gesehen: _____

Und diese hätte ich viel lieber gesehen: _____
_____

Drei Dinge, die mich genervt haben:
1. _____
2. _____
3. _____

So frustriert bin ich: 0% [_____] 100%

Davor fürchte ich mich (ein wenig): _____
_____

Ich fühle mich:

	ja	nein	etwas		ja	nein	etwas
großherzig	☐	☐	☐	elfengleich	☐	☐	☐
kleingeistig	☐	☐	☐	geduldig	☐	☐	☐
leichtgläubig	☐	☐	☐	geliebt	☐	☐	☐
leichtsinnig	☐	☐	☐	freundlich	☐	☐	☐
zaghaft	☐	☐	☐	stark	☐	☐	☐
guter Dinge	☐	☐	☐	_____	☐	☐	☐

Bin ich meinen Zielen näher gekommen? ☐ ja ☐ nein
Inwiefern? _____

_____

Hab ich mich ablenken lassen? ☐ natürlich nicht ☐ minimal
Woron? _____

Das hätte nicht besser laufen können: _____

_____

_____

Drei Dinge, mit denen ich sehr zufrieden bin:
1. _____
2. _____
3. _____

Dieser Tag hat mir ☐ gut ☐ wahnsinnig gut gefallen, weil

_____

_____

_____

Datum: _____   Uhrzeit: _____

Ich fühle mich:

	ja	nein	etwas			ja	nein	etwas
zweifelnd	☐	☐	☐	sentimental		☐	☐	☐
ruhig	☐	☐	☐	intelligent		☐	☐	☐
erschlagen	☐	☐	☐	rastlos		☐	☐	☐
verlogen	☐	☐	☐	platt		☐	☐	☐
zerknirscht	☐	☐	☐	widerborstig		☐	☐	☐
überrascht	☐	☐	☐	_____		☐	☐	☐

Schon nachdem ich aufgestanden bin, war ich genervt von _____
_____. Mittags habe ich leider _____
_____
_____ und abends war ich
dann froh, dass _____
_____

Sonst noch was? _____
_____
_____
_____

Wie gut bin ich heute gescheitert?
☐ perfekt   ☐ annehmbar   ☐ fulminant   ☐ _____

Wovor hab ich Angst und warum? _____
_____
_____

So viele Flausen hab ich heute im Kopf:

Damit hab ich meine Zeit verbracht:
Essen: ___ Stunden   Glücklich sein: ___ Stunden
Schlafen: ___ Stunden   Faulenzen: ___ Stunden
Lesen: ___ Stunden   _____ : ___ Stunden

Ich habe heute nicht nur _____

_____ , sondern ich habe auch _____

_____

Darauf bin ich ☐ sehr ☐ ein bisschen stolz

Hans im Glück ___ %, Pechmarie ___ %

Das hat mich zum Lachen gebracht: _____

_____

Dieser Tag war mein Freund, weil _____

_____

_____

_____

Kleine Sammlung meiner schlechten Launen

Wann? _____
Anlass: _____
_____

Wann? _____
Anlass: _____
_____

Wann? _____
Anlass: _____
_____

Wann? _____
Anlass: _____
_____

Wann? _____
Anlass: _____
_____

Wann? _____
Anlass: _____
_____

Kleine Sammlung meiner guten Launen

Wann? _____
Anlass: _____
_____

Wann? _____
Anlass: _____
_____

Wann? _____
Anlass: _____
_____

Wann? _____
Anlass: _____
_____

Wann? _____
Anlass: _____
_____

Wann? _____
Anlass: _____
_____

Datum: _____ Uhrzeit: _____

So sieht die Laus aus, die mir
über die Leber gelaufen ist:

Das ging heute schief: _____
_____
_____

Trotzdem aus Versehen gelacht? ☐ mal
Worüber? _____
_____

Damit hab ich ziemlich viel Zeit verplempert: _____
_____

Bereue ich es? ☐ ja ☐ nein

Das ging mir gegen den Strich: _____
_____
_____

Drei Dinge, die ich morgen besser machen könnte:
1. _____
2. _____
3. _____

So fühle ich mich:

	ja	nein	etwas		ja	nein	etwas
niedlich	☐	☐	☐	lebendig	☐	☐	☐
gelassen	☐	☐	☐	vorlaut	☐	☐	☐
extrovertiert	☐	☐	☐	überschwänglich	☐	☐	☐
verdutzt	☐	☐	☐	verdreht	☐	☐	☐
geschwätzig	☐	☐	☐	motiviert	☐	☐	☐
genial	☐	☐	☐	_____	☐	☐	☐

Menschen getroffen: ☐ Stück, Namen: _____

Liebster Gesprächspartner: _____
So viele Menschen hab ich mit meiner guten Laune angesteckt:
☐ Stück, Namen: _____

Das habe ich heute getan, um meinen Zielen näher zu kommen:
_____
_____
_____

Das war sonst noch so los: _____
_____
_____

Ich freue mich auf morgen, ☐ weil ☐ obwohl _____
_____
_____

Datum: _____   Uhrzeit: _____

☁️

Ich fühle mich:

	ja	nein	etwas			ja	nein	etwas
ratlos	☐	☐	☐	resigniert		☐	☐	☐
verpennt	☐	☐	☐	verzagt		☐	☐	☐
sachlich	☐	☐	☐	leer		☐	☐	☐
chaotisch	☐	☐	☐	unflexibel		☐	☐	☐
idiotisch	☐	☐	☐	bedrückt		☐	☐	☐
verloren	☐	☐	☐	_____		☐	☐	☐

Das habe ich heute gemacht: _____

_____

Und das hätte ich viel lieber gemacht: _____

_____

_____

Ich hab darüber nachgedacht, ob ich _____

_____ oder besser nicht. Nach reiflicher

Überlegung bin ich zum Entschluss gekommen, dass _____

_____

Sind Zweifel angebracht? ☐ auf jeden Fall! ☐ höchstens kleine
Warum? _____

_____

Schlimmster Tiefpunkt des Tages: _____

_____

_____

So weit bin ich über meinen Schatten gesprungen:

1 2 3 4 5 6 7 8 9 10 11

Ich bin stolz darauf, dass ich _____

_____

Das war zwar nicht so optimal: _____

_____ ,

aber dafür hat das ganz gut geklappt: _____

_____

Auch das hat mich motiviert: _____

_____

Diese drei Kleinigkeiten haben mir Freude gemacht:
1. _____
2. _____
3. _____

Gelacht: ☐ mal. Worüber? _____

_____

Schönster Höhepunkt des Tages: _____

_____

_____

Datum: _____   Uhrzeit: _____

So voll hab ich die Nase:
(Füllstand einzeichnen)

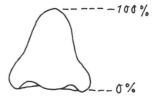

Damit hab ich mich heute abgekämpft: _____
_____
_____

Das ging mir dabei durch den Kopf: _____
_____
_____

Da war der Wurm drin: _____
_____
_____

Wie schwer fällt es mir gerade, positiv zu denken?
☐ sehr schwer ☐ es ist möglich
Warum? _____
_____

Ein bisschen Platz für allgemeines Genörgel: _____
_____
_____
_____

Ich fühle mich:

	ja	nein	etwas			ja	nein	etwas
glücklich	☐	☐	☐	erholt		☐	☐	☐
anständig	☐	☐	☐	zahm		☐	☐	☐
unvergesslich	☐	☐	☐	spendabel		☐	☐	☐
hoffnungsvoll	☐	☐	☐	fleißig		☐	☐	☐
schüchtern	☐	☐	☐	einzigartig		☐	☐	☐
nüchtern	☐	☐	☐	_____		☐	☐	☐

Davon hab ich mich überhaupt nicht stressen lassen: _____
_____
_____

Gute Nachrichten: _____
_____
_____
_____

Ich spiele mit dem Gedanken _____
_____
_____

So zufrieden bin ich: 0% [   ] 100 %

Morgen wird ein guter Tag, weil _____
_____
_____
_____

Datum: _____   Uhrzeit: _____

☁️

So fühle ich mich:

	ja	nein	etwas			ja	nein	etwas
schrecklich	☐	☐	☐	geizig		☐	☐	☐
verklemmt	☐	☐	☐	hässlich		☐	☐	☐
naiv	☐	☐	☐	dünnhäutig		☐	☐	☐
primitiv	☐	☐	☐	entrückt		☐	☐	☐
herrisch	☐	☐	☐	überflüssig		☐	☐	☐
aufgebracht	☐	☐	☐	verschlossen		☐	☐	☐
geradlinig	☐	☐	☐	hormongesteuert		☐	☐	☐
wortkarg	☐	☐	☐	_____		☐	☐	☐

Das hätte ich gerne anders gemacht: _____
_____
_____

Habe ich meine Ziele zu hoch gesteckt? ☐ ja ☐ nein ☐ etwas
Details: _____
_____

Plagen mich Zweifel? ☐ ja ☐ nein
Welche? _____

Das ist wirklich ☐ ein Drama! ☐ alles halb so wild

So gestresst bin ich: 0% [＿＿＿＿＿＿＿＿＿＿＿] 100%

Das geht mir auf den Keks: _____
_____

Freude

wie ein Schneekönig

kaum vorhanden

6   9   12   15   18   21   Uhrzeit

Besser hätte es nicht kommen können. Morgens habe ich _____

_____ ,

danach war ich _____

_____ und abends habe ich _____

Auch in dieser Hinsicht wurden meine Erwartungen übertroffen:

_____

_____

Könnte es noch besser kommen?   ☐ ja ☐ nein ☐ vielleicht
Wie? _____

_____

Hat mir jemand eine Freude gemacht?   ☐ ja ☐ nein
Wer? Womit? _____

_____

_____

Das wünsche ich mir für   ☐ morgen ☐ die Zukunft: _____

_____

_____

_____

Datum: _____   Uhrzeit: _____

☁️

Wehwehchen und Zipperlein:
(entsprechende Körperteile markieren)

So viel Zeit hab ich verschwendet mit
Arbeiten: ___ Stunden   Grübeln: ___ Stunden
Essen: ___ Stunden   Hadern: ___ Stunden
Fernsehen: ___ Stunden   _____: ___ Stunden

Wäre ich lieber im Bett geblieben? ☐ ja ☐ nein
Warum? _____
_____

Meine größte Angst ist gerade, dass _____
_____
_____ , aber _____
_____

Geweint: ☐ mal. Worüber? _____
_____

Der Aufreger des Tages: _____
_____
_____
_____

Ich fühle mich:

	ja	nein	etwas		ja	nein	etwas
friedlich	☐	☐	☐	still	☐	☐	☐
exotisch	☐	☐	☐	gut	☐	☐	☐
ehrenhaft	☐	☐	☐	lieblich	☐	☐	☐
beeindruckt	☐	☐	☐	phänomenal	☐	☐	☐
fürsorglich	☐	☐	☐	frech	☐	☐	☐
schrill	☐	☐	☐	so lala	☐	☐	☐
verhuscht	☐	☐	☐	entspannt	☐	☐	☐
renitent	☐	☐	☐	_____	☐	☐	☐

Das hat mich ziemlich glücklich gemacht: _____

_____

Und das hat mich zum Lachen gebracht: _____

_____

Hab ich mich selbst überrascht? ☐ ja ☐ nein
Womit? _____

_____

Dafür hätte ich einen Orden verdient: _____

_____

_____

Morgen könnte ich _____

_____

_____

Datum: _____   Uhrzeit: _____

Ich fühle mich:

	ja	nein	etwas		ja	nein	etwas
schlapp	☐	☐	☐	überheblich	☐	☐	☐
einsam	☐	☐	☐	enttäuscht	☐	☐	☐
gebildet	☐	☐	☐	hässlich	☐	☐	☐
feindselig	☐	☐	☐	langsam	☐	☐	☐
debil	☐	☐	☐	penibel	☐	☐	☐
verbrämt	☐	☐	☐	sensibel	☐	☐	☐
stur	☐	☐	☐	erbost	☐	☐	☐
verschlossen	☐	☐	☐	_____	☐	☐	☐

Damit hatte ich echt Pech: _____

_____

Und das fehlt mir gerade: _____

Ich bin mit der Gesamtsituation ☐ unzufrieden ☐ zufrieden, weil

_____

_____

_____

Möchte ich heute lieber jemand anders sein? ☐ ja ☐ nein
Wenn ja, wer? _____

Nervt mich die gute Laune anderer? ☐ ja ☐ nein
Und wieso? _____

So glücklich bin ich:

Diese Farbe beschreibt meine Laune am besten: _____

Komplimente bekommen? ☐ ja ☐ nein
Wenn ja, wofür? _____

Und jetzt mach ich mir selbst noch welche!
Das hab ich gut gemacht: _____
_____ ,
und ganz besonders Hut ab für meine _____
_____

Dumm gelaufen: _____
_____
_____ ,
aber das Gute daran ist _____
_____
_____

Drei besondere Momente des Tages:
1. _____
2. _____
3. _____

Datum: _____   Uhrzeit: _____

☁️
'''

Stimmung:

ganz okay

wirklich mies

6   9   12   15   18   21   Uhrzeit

Das hat mir heute gar nicht gut gefallen: _____

_____

_____. Schwamm drüber!

Ich habe _____ so richtig meine Meinung über

_____ gesagt.

Jetzt fühle ich mich ☐ besser ☐ schlechter ☐ genau wie vorher

Ich habe leider nicht mehr geschafft _____

_____, aber morgen hole ich es vermutlich nach.

Das hat mich nachdenklich gestimmt: _____

_____

_____

Verbesserungsvorschläge für ☐ morgen ☐ die Zukunft allgemein:

_____

_____

_____

So fühle ich mich:

	ja	nein	etwas		ja	nein	etwas
kreativ	☐	☐	☐	lustig	☐	☐	☐
zufrieden	☐	☐	☐	frei	☐	☐	☐
geheimnisumwoben	☐	☐	☐	feinsinnig	☐	☐	☐
bombastisch	☐	☐	☐	klug	☐	☐	☐
eingebildet	☐	☐	☐	flatterhaft	☐	☐	☐
schnell	☐	☐	☐	effizient	☐	☐	☐
sexy	☐	☐	☐	verlegen	☐	☐	☐
durchschnittlich	☐	☐	☐	_____	☐	☐	☐

Hab ich mich selbst übertroffen? ☐ ja ☐ nein

Wenn ja, womit? _____

_____

_____

Der schönste Gedanke des Tages: _____

_____

_____

Drei Dinge, die mich glücklich gemacht haben:

1. _____

2. _____

3. _____

Darauf freue ich mich: _____

_____

_____

Datum: _____   Uhrzeit: _____

Ich fühle mich

	ja	nein	etwas			ja	nein	etwas
schlecht	☐	☐	☐	niedergeschlagen		☐	☐	☐
resigniert	☐	☐	☐	aufgebracht		☐	☐	☐
kratzbürstig	☐	☐	☐	verschwiegen		☐	☐	☐
unbefriedigt	☐	☐	☐	gönnerhaft		☐	☐	☐
dekadent	☐	☐	☐	leer		☐	☐	☐
grüblerisch	☐	☐	☐	_____		☐	☐	☐

Das hat mir heute die Laune verhagelt: _____
_____

Ich sehe darin ☐ ein Problem ☐ eine Herausforderung, weil
_____

Die Zukunft sehe ich gerade
☐ schwarz ☐ weiß ☐ in vielen schillernden Grautönen

Wäre ich gerade lieber woanders? ☐ ja ☐ nein
Wenn ja, wo und warum? _____

Nervigster Gesprächspartner: _____

Die Enttäuschung des Tages: _____
_____
_____
_____

Da schwimm ich auf der Welle des Erfolgs:

Das war ziemlich gut: _____
_____

Das leider weniger: _____
_____, aber das macht nichts.

Hab ich mich selbst belohnt? ☐ ja ☐ nein
Wenn ja, womit und wofür? _____

Wenn nein, warum nicht? _____
_____

So erholt bin ich: 0% [   ] 100%

Das habe ich genossen: _____
_____
_____

Guter Vorsatz für morgen: _____
_____
_____

Datum: _____   Uhrzeit: _____

So viele Haare waren in
der Suppe:

Das hat mir richtig schlechte Laune gemacht: _____
_____

Das lag vor allem daran, dass: _____
_____

So bewerte ich die Gesamtsituation: ⚫□ 🐘□

Diese Leute habe ich gesehen: _____
_____

Und diese hätte ich viel lieber gesehen: _____
_____

Drei Dinge, die mich genervt haben:
1. _____
2. _____
3. _____

So frustriert bin ich: 0% [_____] 100%

Davor fürchte ich mich (ein wenig): _____
_____

Ich fühle mich:

	ja	nein	etwas		ja	nein	etwas
großherzig	☐	☐	☐	elfengleich	☐	☐	☐
kleingeistig	☐	☐	☐	geduldig	☐	☐	☐
leichtgläubig	☐	☐	☐	geliebt	☐	☐	☐
leichtsinnig	☐	☐	☐	freundlich	☐	☐	☐
zaghaft	☐	☐	☐	stark	☐	☐	☐
guter Dinge	☐	☐	☐	_____	☐	☐	☐

Bin ich meinen Zielen näher gekommen? ☐ ja ☐ nein
Inwiefern? _____

Hab ich mich ablenken lassen? ☐ natürlich nicht ☐ minimal
Wovon? _____

Das hätte nicht besser laufen können: _____
_____
_____

Drei Dinge, mit denen ich sehr zufrieden bin:
1. _____
2. _____
3. _____

Dieser Tag hat mir ☐ gut ☐ wahnsinnig gut gefallen, weil
_____
_____
_____

Datum: _____   Uhrzeit: _____

☁☔
˙˙˙

Ich fühle mich:

	ja	nein	etwas		ja	nein	etwas
zweifelnd	☐	☐	☐	sentimental	☐	☐	☐
ruhig	☐	☐	☐	intelligent	☐	☐	☐
erschlagen	☐	☐	☐	rastlos	☐	☐	☐
verlogen	☐	☐	☐	platt	☐	☐	☐
zerknirscht	☐	☐	☐	widerborstig	☐	☐	☐
überrascht	☐	☐	☐	_____	☐	☐	☐

Schon nachdem ich aufgestanden bin, war ich genervt von _____

_____. Mittags habe ich leider _____

_____ und abends war ich

dann froh, dass _____

_____

Sonst noch was? _____

_____

_____

_____

Wie gut bin ich heute gescheitert?
☐ perfekt   ☐ annehmbar   ☐ fulminant   ☐ _____

Wovor hab ich Angst und warum? _____

_____

_____

So viele Flausen hab ich heute im Kopf:

Damit hab ich meine Zeit verbracht:

Essen: ___ Stunden   Glücklich sein: ___ Stunden
Schlafen: ___ Stunden   Faulenzen: ___ Stunden
Lesen: ___ Stunden   _____: ___ Stunden

Ich habe heute nicht nur _____

_____, sondern ich habe auch _____

_____

Darauf bin ich ☐ sehr ☐ ein bisschen stolz

Hans im Glück ___%, Pechmarie ___%

Das hat mich zum Lachen gebracht: _____

_____

Dieser Tag war mein Freund, weil _____

_____

_____

_____

Datum: _____   Uhrzeit: _____

So sieht die Laus aus, die mir
über die Leber gelaufen ist:

Das ging heute schief: _____
_____
_____

Trotzdem aus Versehen gelacht? ☐ mal
Worüber? _____
_____

Damit hab ich ziemlich viel Zeit verplempert: _____
_____

Bereue ich es? ☐ ja ☐ nein

Das ging mir gegen den Strich: _____
_____
_____

Drei Dinge, die ich morgen besser machen könnte:
1. _____
2. _____
3. _____

So fühle ich mich:

	ja	nein	etwas		ja	nein	etwas
niedlich	☐	☐	☐	lebendig	☐	☐	☐
gelassen	☐	☐	☐	vorlaut	☐	☐	☐
extrovertiert	☐	☐	☐	überschwänglich	☐	☐	☐
verdutzt	☐	☐	☐	verdreht	☐	☐	☐
geschwätzig	☐	☐	☐	motiviert	☐	☐	☐
genial	☐	☐	☐	_____	☐	☐	☐

Menschen getroffen: ☐ Stück, Namen: _____

Liebster Gesprächspartner: _____
So viele Menschen hab ich mit meiner guten Laune angesteckt:
☐ Stück, Namen: _____

Das habe ich heute getan, um meinen Zielen näher zu kommen:

_____
_____
_____

Das war sonst noch so los: _____
_____
_____

Ich freue mich auf morgen, ☐ weil ☐ obwohl _____
_____
_____

Datum: _____   Uhrzeit: _____

Ich fühle mich:

	ja	nein	etwas		ja	nein	etwas
ratlos	☐	☐	☐	resigniert	☐	☐	☐
verpennt	☐	☐	☐	verzagt	☐	☐	☐
sachlich	☐	☐	☐	leer	☐	☐	☐
chaotisch	☐	☐	☐	unflexibel	☐	☐	☐
idiotisch	☐	☐	☐	bedrückt	☐	☐	☐
verloren	☐	☐	☐	_____	☐	☐	☐

Das habe ich heute gemacht: _____
_____

Und das hätte ich viel lieber gemacht: _____
_____
_____

Ich hab darüber nachgedacht, ob ich _____
_____ oder besser nicht. Nach reiflicher
Überlegung bin ich zum Entschluss gekommen, dass _____
_____

Sind Zweifel angebracht? ☐ auf jeden Fall! ☐ höchstens kleine
Warum? _____
_____

Schlimmster Tiefpunkt des Tages: _____
_____
_____

So weit bin ich über meinen Schatten gesprungen:

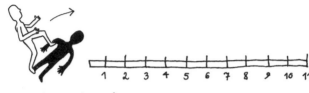

1 2 3 4 5 6 7 8 9 10 11

Ich bin stolz darauf, dass ich _____

_____

Das war zwar nicht so optimal: _____

_____ ,

aber dafür hat das ganz gut geklappt: _____

_____

Auch das hat mich motiviert: _____

_____

Diese drei Kleinigkeiten haben mir Freude gemacht:
1. _____
2. _____
3. _____

Gelacht: ☐ mal. Worüber? _____

_____

Schönster Höhepunkt des Tages: _____

_____

Datum: _____   Uhrzeit: _____

So voll hab ich die Nase:
(Füllstand einzeichnen)

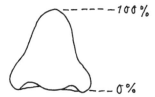

Damit hab ich mich heute abgekämpft: _____
_____
_____

Das ging mir dabei durch den Kopf: _____
_____
_____

Da war der Wurm drin: _____
_____
_____

Wie schwer fällt es mir gerade, positiv zu denken?
☐ sehr schwer ☐ es ist möglich
Warum? _____
_____

Ein bisschen Platz für allgemeines Genörgel: _____
_____
_____
_____

Ich fühle mich:

	ja	nein	etwas		ja	nein	etwas
glücklich	☐	☐	☐	erholt	☐	☐	☐
anständig	☐	☐	☐	zahm	☐	☐	☐
unvergesslich	☐	☐	☐	spendabel	☐	☐	☐
hoffnungsvoll	☐	☐	☐	fleißig	☐	☐	☐
schüchtern	☐	☐	☐	einzigartig	☐	☐	☐
nüchtern	☐	☐	☐	_____	☐	☐	☐

Davon hab ich mich überhaupt nicht stressen lassen: _____
_____

Gute Nachrichten: _____
_____
_____
_____

Ich spiele mit dem Gedanken _____
_____
_____

So zufrieden bin ich: 0% [_____] 100%

Morgen wird ein guter Tag, weil _____
_____
_____
_____

Datum: _____ Uhrzeit: _____

So fühle ich mich:

	ja	nein	etwas		ja	nein	etwas
schrecklich	☐	☐	☐	geizig	☐	☐	☐
verklemmt	☐	☐	☐	hässlich	☐	☐	☐
naiv	☐	☐	☐	dünnhäutig	☐	☐	☐
primitiv	☐	☐	☐	entrückt	☐	☐	☐
herrisch	☐	☐	☐	überflüssig	☐	☐	☐
aufgebracht	☐	☐	☐	verschlossen	☐	☐	☐
geradlinig	☐	☐	☐	hormongesteuert	☐	☐	☐
wortkarg	☐	☐	☐				

Das hätte ich gerne anders gemacht: _____
_____
_____

Habe ich meine Ziele zu hoch gesteckt? ☐ ja ☐ nein ☐ etwas
Details: _____
_____

Plagen mich Zweifel? ☐ ja ☐ nein
Welche? _____

Das ist wirklich ☐ ein Drama! ☐ alles halb so wild

So gestresst bin ich: 0% [_____] 100%

Das geht mir auf den Keks: _____
_____

Freude

wie ein
Schneekönig

kaum vorhanden

```
                6     9     12    15    18    21    Uhrzeit
```

Besser hätte es nicht kommen können. Morgens habe ich _____

_____ ,

danach war ich _____

_____ und abends habe ich _____

Auch in dieser Hinsicht wurden meine Erwartungen übertroffen:

_____

_____

Könnte es noch besser kommen? ☐ ja ☐ nein ☐ vielleicht

Wie? _____

_____

Hat mir jemand eine Freude gemacht? ☐ ja ☐ nein

Wer? Womit? _____

_____

_____

_____

Das wünsche ich mir für ☐ morgen ☐ die Zukunft: _____

_____

_____

_____

Datum: _____   Uhrzeit: _____

Wehwehchen und Zipperlein:
(entsprechende Körperteile markieren)

So viel Zeit hab ich verschwendet mit
Arbeiten: ___ Stunden   Grübeln: ___ Stunden
Essen: ___ Stunden   Hadern: ___ Stunden
Fernsehen: ___ Stunden   _____: ___ Stunden

Wäre ich lieber im Bett geblieben? ☐ ja ☐ nein
Warum? _____
_____

Meine größte Angst ist gerade, dass _____
_____
_____, aber_____
_____

Geweint: ☐ mal. Worüber? _____
_____

Der Aufreger des Tages: _____
_____
_____
_____

Ich fühle mich:

	ja	nein	etwas		ja	nein	etwas
friedlich	☐	☐	☐	still	☐	☐	☐
exotisch	☐	☐	☐	gut	☐	☐	☐
ehrenhaft	☐	☐	☐	lieblich	☐	☐	☐
beeindruckt	☐	☐	☐	phänomenal	☐	☐	☐
fürsorglich	☐	☐	☐	frech	☐	☐	☐
schrill	☐	☐	☐	so lala	☐	☐	☐
verhuscht	☐	☐	☐	entspannt	☐	☐	☐
renitent	☐	☐	☐	_____	☐	☐	☐

Das hat mich ziemlich glücklich gemacht: _____
_____

Und das hat mich zum Lachen gebracht: _____
_____

Hab ich mich selbst überrascht? ☐ ja ☐ nein
Womit? _____
_____

Dafür hätte ich einen Orden verdient: _____
_____
_____

Morgen könnte ich _____
_____
_____

Datum: _____   Uhrzeit: _____

☁️🌧️

Ich fühle mich:

	ja	nein	etwas			ja	nein	etwas
schlapp	☐	☐	☐	überheblich		☐	☐	☐
einsam	☐	☐	☐	enttäuscht		☐	☐	☐
gebildet	☐	☐	☐	hässlich		☐	☐	☐
feindselig	☐	☐	☐	langsam		☐	☐	☐
debil	☐	☐	☐	penibel		☐	☐	☐
verbrämt	☐	☐	☐	sensibel		☐	☐	☐
stur	☐	☐	☐	erbost		☐	☐	☐
verschlossen	☐	☐	☐	_____		☐	☐	☐

Damit hatte ich echt Pech: _____

_____

Und das fehlt mir gerade: _____

_____

Ich bin mit der Gesamtsituation ☐ unzufrieden ☐ zufrieden, weil

_____

_____

_____

Möchte ich heute lieber jemand anders sein? ☐ ja ☐ nein
Wenn ja, wer? _____

Nervt mich die gute Laune anderer? ☐ ja ☐ nein
Und wieso? _____

_____

So glücklich bin ich:

Diese Farbe beschreibt meine Laune am besten: _____

Komplimente bekommen? ☐ ja ☐ nein
Wenn ja, wofür? _____
_____

Und jetzt mach ich mir selbst noch welche!
Das hab ich gut gemacht: _____
_____ ,

und ganz besonders Hut ab für meine _____
_____

Dumm gelaufen: _____
_____
_____ ,

aber das Gute daran ist _____
_____
_____

Drei besondere Momente des Tages:
1. _____
2. _____
3. _____

Datum: _____ Uhrzeit: _____

Stimmung:

ganz okay

wirklich mies

6   9   12   15   18   21   Uhrzeit

Das hat mir heute gar nicht gut gefallen: _____

_____

_____. Schwamm drüber!

Ich habe _____ so richtig meine Meinung über

_____ gesagt.

Jetzt fühle ich mich ☐ besser ☐ schlechter ☐ genau wie vorher

Ich habe leider nicht mehr geschafft _____

_____, aber morgen hole ich es vermutlich nach.

Das hat mich nachdenklich gestimmt: _____

_____

_____

Verbesserungsvorschläge für ☐ morgen ☐ die Zukunft allgemein:

_____

_____

_____

So fühle ich mich:

	ja	nein	etwas		ja	nein	etwas
kreativ	☐	☐	☐	lustig	☐	☐	☐
zufrieden	☐	☐	☐	frei	☐	☐	☐
geheimnisumwoben	☐	☐	☐	feinsinnig	☐	☐	☐
bombastisch	☐	☐	☐	klug	☐	☐	☐
eingebildet	☐	☐	☐	flatterhaft	☐	☐	☐
schnell	☐	☐	☐	effizient	☐	☐	☐
sexy	☐	☐	☐	verlegen	☐	☐	☐
durchschnittlich	☐	☐	☐	_____	☐	☐	☐

Hab ich mich selbst übertroffen? ☐ ja ☐ nein

Wenn ja, womit? _____

_____

_____

Der schönste Gedanke des Tages: _____

_____

_____

Drei Dinge, die mich glücklich gemacht haben:

1. _____

2. _____

3. _____

Darauf freue ich mich: _____

_____

_____

Datum: _____ Uhrzeit: _____

Ich fühle mich

	ja	nein	etwas			ja	nein	etwas
schlecht	☐	☐	☐	niedergeschlagen		☐	☐	☐
resigniert	☐	☐	☐	aufgebracht		☐	☐	☐
kratzbürstig	☐	☐	☐	verschwiegen		☐	☐	☐
unbefriedigt	☐	☐	☐	gönnerhaft		☐	☐	☐
dekadent	☐	☐	☐	leer		☐	☐	☐
grüblerisch	☐	☐	☐	_____		☐	☐	☐

Das hat mir heute die Laune verhagelt: _____
_____

Ich sehe darin ☐ ein Problem ☐ eine Herausforderung, weil
_____

Die Zukunft sehe ich gerade
☐ schwarz ☐ weiß ☐ in vielen schillernden Grautönen

Wäre ich gerade lieber woanders? ☐ ja ☐ nein
Wenn ja, wo und warum? _____
_____

Nervigster Gesprächspartner: _____

Die Enttäuschung des Tages: _____
_____
_____
_____

Da schwimm ich auf der Welle des Erfolgs:

Das war ziemlich gut: _____
_____

Das leider weniger: _____
_____, aber das macht nichts.

Hab ich mich selbst belohnt? ☐ ja ☐ nein
Wenn ja, womit und wofür? _____

Wenn nein, warum nicht? _____
_____

So erholt bin ich: 0% [_____] 100%

Das habe ich genossen: _____
_____
_____

Guter Vorsatz für morgen: _____
_____

Datum: _____   Uhrzeit: _____

So viele Haare waren in
der Suppe:

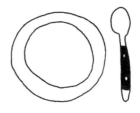

Das hat mir richtig schlechte Laune gemacht: _____
_____

Das lag vor allem daran, dass: _____
_____
_____

So bewerte ich die Gesamtsituation: 🐞 ☐   🐘 ☐

Diese Leute habe ich gesehen: _____
_____

Und diese hätte ich viel lieber gesehen: _____
_____

Drei Dinge, die mich genervt haben:
1. _____
2. _____
3. _____

So frustriert bin ich: 0% [_____] 100%

Davor fürchte ich mich (ein wenig): _____
_____

Ich fühle mich:

	ja	nein	etwas		ja	nein	etwas
großherzig	☐	☐	☐	elfengleich	☐	☐	☐
kleingeistig	☐	☐	☐	geduldig	☐	☐	☐
leichtgläubig	☐	☐	☐	geliebt	☐	☐	☐
leichtsinnig	☐	☐	☐	freundlich	☐	☐	☐
zaghaft	☐	☐	☐	stark	☐	☐	☐
guter Dinge	☐	☐	☐	_____	☐	☐	☐

Bin ich meinen Zielen näher gekommen? ☐ ja ☐ nein
Inwiefern? _____

Hab ich mich ablenken lassen? ☐ natürlich nicht ☐ minimal
Woron? _____

Das hätte nicht besser laufen können: _____
_____
_____

Drei Dinge, mit denen ich sehr zufrieden bin:
1. _____
2. _____
3. _____

Dieser Tag hat mir ☐ gut ☐ wahnsinnig gut gefallen, weil
_____
_____
_____

Datum: _____   Uhrzeit: _____

Ich fühle mich:

	ja	nein	etwas			ja	nein	etwas
zweifelnd	☐	☐	☐	sentimental		☐	☐	☐
ruhig	☐	☐	☐	intelligent		☐	☐	☐
erschlagen	☐	☐	☐	rastlos		☐	☐	☐
verlogen	☐	☐	☐	platt		☐	☐	☐
zerknirscht	☐	☐	☐	widerborstig		☐	☐	☐
überrascht	☐	☐	☐	_____		☐	☐	☐

Schon nachdem ich aufgestanden bin, war ich genervt von _____

_____. Mittags habe ich leider _____

_____ und abends war ich

dann froh, dass _____

_____

Sonst noch was? _____

_____

_____

_____

Wie gut bin ich heute gescheitert?
☐ perfekt   ☐ annehmbar   ☐ fulminant   ☐ _____

Wovor hab ich Angst und warum? _____

_____

_____

So viele Flausen hab ich heute im Kopf:

Damit hab ich meine Zeit verbracht:
Essen: ___ Stunden   Glücklich sein: ___ Stunden
Schlafen: ___ Stunden   Faulenzen: ___ Stunden
Lesen: ___ Stunden   _____: ___ Stunden

Ich habe heute nicht nur _____

_____, sondern ich habe auch _____

Darauf bin ich ☐ sehr ☐ ein bisschen stolz

Hans im Glück ___%, Pechmarie ___%

Das hat mich zum Lachen gebracht: _____

_____

Dieser Tag war mein Freund, weil _____

_____

_____

Das Chaos in meinem Kopf:

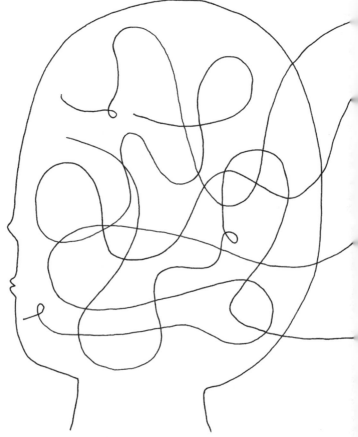

Kopf sortiert :

_____
_____
_____
_____

_____
_____
_____
_____

_____
_____
_____
_____
_____

_____
_____
_____
_____
_____
_____

Datum: _____   Uhrzeit: _____

So sieht die Laus aus, die mir
über die Leber gelaufen ist:

Das ging heute schief: _____
_____
_____

Trotzdem aus Versehen gelacht? ☐ mal
Worüber? _____
_____

Damit hab ich ziemlich viel Zeit verplempert: _____
_____

Bereue ich es? ☐ ja ☐ nein

Das ging mir gegen den Strich: _____
_____
_____

Drei Dinge, die ich morgen besser machen könnte:
1. _____
2. _____
3. _____

So fühle ich mich:

	ja	nein	etwas		ja	nein	etwas
niedlich	☐	☐	☐	lebendig	☐	☐	☐
gelassen	☐	☐	☐	vorlaut	☐	☐	☐
extrovertiert	☐	☐	☐	überschwänglich	☐	☐	☐
verdutzt	☐	☐	☐	verdreht	☐	☐	☐
geschwätzig	☐	☐	☐	motiviert	☐	☐	☐
genial	☐	☐	☐	_____	☐	☐	☐

Menschen getroffen: ☐ Stück, Namen: _____

Liebster Gesprächspartner: _____
So viele Menschen hab ich mit meiner guten Laune angesteckt:
☐ Stück, Namen: _____

Das habe ich heute getan, um meinen Zielen näher zu kommen:

_____
_____
_____

Das war sonst noch so los: _____
_____
_____

Ich freue mich auf morgen, ☐ weil ☐ obwohl _____
_____
_____

Datum: _____   Uhrzeit: _____

Ich fühle mich:

	ja	nein	etwas		ja	nein	etwas
ratlos	☐	☐	☐	resigniert	☐	☐	☐
verpennt	☐	☐	☐	verzagt	☐	☐	☐
sachlich	☐	☐	☐	leer	☐	☐	☐
chaotisch	☐	☐	☐	unflexibel	☐	☐	☐
idiotisch	☐	☐	☐	bedrückt	☐	☐	☐
verloren	☐	☐	☐	_____	☐	☐	☐

Das habe ich heute gemacht: _____
_____

Und das hätte ich viel lieber gemacht: _____
_____
_____

Ich hab darüber nachgedacht, ob ich _____
_____ oder besser nicht. Nach reiflicher
Überlegung bin ich zum Entschluss gekommen, dass _____
_____

Sind Zweifel angebracht? ☐ auf jeden Fall! ☐ höchstens kleine
Warum? _____
_____

Schlimmster Tiefpunkt des Tages: _____
_____
_____

So weit bin ich über meinen Schatten gesprungen:

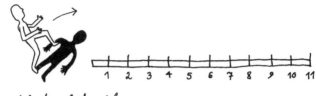

1 2 3 4 5 6 7 8 9 10 11

Ich bin stolz darauf, dass ich _____

_____

Das war zwar nicht so optimal: _____

_____ ,

aber dafür hat das ganz gut geklappt: _____

_____

Auch das hat mich motiviert: _____

_____

Diese drei Kleinigkeiten haben mir Freude gemacht:
1. _____
2. _____
3. _____

Gelacht: ☐ mal. Worüber? _____

_____

Schönster Höhepunkt des Tages: _____

_____

_____

Datum: _____   Uhrzeit: _____

So voll hab ich die Nase:
(Füllstand einzeichnen)

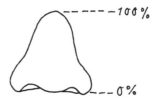

– – – – – 100 %

– – – 0 %

Damit hab ich mich heute abgekämpft: _____
_____
_____

Das ging mir dabei durch den Kopf: _____
_____
_____

Da war der Wurm drin: _____
_____
_____

Wie schwer fällt es mir gerade, positiv zu denken?
☐ sehr schwer   ☐ es ist möglich
Warum? _____
_____

Ein bisschen Platz für allgemeines Genörgel: _____
_____
_____
_____

Ich fühle mich:

	ja	nein	etwas		ja	nein	etwas
glücklich	☐	☐	☐	erholt	☐	☐	☐
anständig	☐	☐	☐	zahm	☐	☐	☐
unvergesslich	☐	☐	☐	spendabel	☐	☐	☐
hoffnungsvoll	☐	☐	☐	fleißig	☐	☐	☐
schüchtern	☐	☐	☐	einzigartig	☐	☐	☐
nüchtern	☐	☐	☐	_____	☐	☐	☐

Davon hab ich mich überhaupt nicht stressen lassen: _____

_____

_____

Gute Nachrichten: _____

_____

_____

_____

Ich spiele mit dem Gedanken _____

_____

_____

So zufrieden bin ich: 0% [_____] 100%

Morgen wird ein guter Tag, weil _____

_____

_____

_____

Datum: _____ Uhrzeit: _____

So fühle ich mich:

	ja	nein	etwas			ja	nein	etwas
schrecklich	☐	☐	☐	geizig		☐	☐	☐
verklemmt	☐	☐	☐	hässlich		☐	☐	☐
naiv	☐	☐	☐	dünnhäutig		☐	☐	☐
primitiv	☐	☐	☐	entrückt		☐	☐	☐
herrisch	☐	☐	☐	überflüssig		☐	☐	☐
aufgebracht	☐	☐	☐	verschlossen		☐	☐	☐
geradlinig	☐	☐	☐	hormongesteuert		☐	☐	☐
wortkarg	☐	☐	☐	_____		☐	☐	☐

Das hätte ich gerne anders gemacht: _____
_____
_____

Habe ich meine Ziele zu hoch gesteckt? ☐ ja ☐ nein ☐ etwas
Details: _____
_____

Plagen mich Zweifel? ☐ ja ☐ nein
Welche? _____

Das ist wirklich ☐ ein Drama! ☐ alles halb so wild

So gestresst bin ich: 0% [_____] 100%

Das geht mir auf den Keks: _____
_____

Freude

wie ein
Schneekönig

kaum vorhanden └─────┬─────┬─────┬─────┬─────┬─────┬─────→ Uhrzeit
                    6   9   12   15   18   21

Besser hätte es nicht kommen können. Morgens habe ich _____

_____ ,

danach war ich _____

_____ und abends habe ich _____

Auch in dieser Hinsicht wurden meine Erwartungen übertroffen:

_____

_____

Könnte es noch besser kommen? ☐ ja ☐ nein ☐ vielleicht
Wie? _____

_____

Hat mir jemand eine Freude gemacht? ☐ ja ☐ nein
Wer? Womit? _____

_____

_____

_____

Das wünsche ich mir für ☐ morgen ☐ die Zukunft: _____

_____

_____

_____

Datum: _____ Uhrzeit: _____

Wehwehchen und Zipperlein:
(entsprechende Körperteile markieren)

So viel Zeit hab ich verschwendet mit
Arbeiten: ___ Stunden   Grübeln: ___ Stunden
Essen: ___ Stunden   Fladern: ___ stunden
Fernsehen: ___ Stunden   _____: ___ Stunden

Wäre ich lieber im Bett geblieben? ☐ ja ☐ nein
Warum? _____
_____

Meine größte Angst ist gerade, dass _____
_____
_____, aber_____
_____

Geweint: ☐ mal. Worüber? _____
_____

Der Aufreger des Tages: _____
_____
_____
_____

Ich fühle mich:

	ja	nein	etwas			ja	nein	etwas
friedlich	☐	☐	☐	still		☐	☐	☐
exotisch	☐	☐	☐	gut		☐	☐	☐
ehrenhaft	☐	☐	☐	lieblich		☐	☐	☐
beeindruckt	☐	☐	☐	phänomenal		☐	☐	☐
fürsorglich	☐	☐	☐	frech		☐	☐	☐
schrill	☐	☐	☐	so lala		☐	☐	☐
verhuscht	☐	☐	☐	entspannt		☐	☐	☐
renitent	☐	☐	☐	_____		☐	☐	☐

Das hat mich ziemlich glücklich gemacht: _____

_____

Und das hat mich zum Lachen gebracht: _____

_____

Hab ich mich selbst überrascht? ☐ ja ☐ nein
Womit? _____

_____

Dafür hätte ich einen Orden verdient: _____

_____

_____

Morgen könnte ich _____

_____

_____

Datum: _____   Uhrzeit: _____

☁️

Ich fühle mich:

	ja	nein	etwas		ja	nein	etwas
schlapp	☐	☐	☐	überheblich	☐	☐	☐
einsam	☐	☐	☐	enttäuscht	☐	☐	☐
gebildet	☐	☐	☐	hässlich	☐	☐	☐
feindselig	☐	☐	☐	langsam	☐	☐	☐
debil	☐	☐	☐	penibel	☐	☐	☐
verbrämt	☐	☐	☐	sensibel	☐	☐	☐
stur	☐	☐	☐	erbost	☐	☐	☐
verschlossen	☐	☐	☐	_____	☐	☐	☐

Damit hatte ich echt Pech: _____

_____

Und das fehlt mir gerade: _____

_____

Ich bin mit der Gesamtsituation ☐ unzufrieden ☐ zufrieden, weil

_____

_____

_____

Möchte ich heute lieber jemand anders sein? ☐ ja ☐ nein
Wenn ja, wer? _____

Nervt mich die gute Laune anderer? ☐ ja ☐ nein
Und wieso? _____

_____

So glücklich bin ich:

Diese Farbe beschreibt meine Laune am besten: _____

Komplimente bekommen? ☐ ja ☐ nein
Wenn ja, wofür? _____
_____

Und jetzt mach ich mir selbst noch welche!
Das hab ich gut gemacht: _____
_____ ,
und ganz besonders Hut ab für meine _____
_____

Dumm gelaufen: _____
_____
_____ ,
aber das Gute daran ist _____
_____
_____

Drei besondere Momente des Tages:
1. _____
2. _____
3. _____

Datum: _____ Uhrzeit: _____

☁️🌧️

Stimmung:

ganz okay

wirklich mies

6   9   12   15   18   21   Uhrzeit

Das hat mir heute gar nicht gut gefallen: _____

_____

_____. Schwamm drüber!

Ich habe _____ so richtig meine Meinung über

_____

_____ gesagt.

Jetzt fühle ich mich ☐ besser ☐ schlechter ☐ genau wie vorher

Ich habe leider nicht mehr geschafft _____

_____

_____, aber morgen hole ich es vermutlich nach.

Das hat mich nachdenklich gestimmt: _____

_____

_____

Verbesserungsvorschläge für ☐ morgen ☐ die Zukunft allgemein:

_____

_____

_____

So fühle ich mich:

	ja	nein	etwas			ja	nein	etwas
kreativ	☐	☐	☐	lustig		☐	☐	☐
zufrieden	☐	☐	☐	frei		☐	☐	☐
geheimnisumwoben	☐	☐	☐	feinsinnig		☐	☐	☐
bombastisch	☐	☐	☐	klug		☐	☐	☐
eingebildet	☐	☐	☐	flatterhaft		☐	☐	☐
schnell	☐	☐	☐	effizient		☐	☐	☐
sexy	☐	☐	☐	verlegen		☐	☐	☐
durchschnittlich	☐	☐	☐	_____		☐	☐	☐

Hab ich mich selbst übertroffen? ☐ ja ☐ nein

Wenn ja, womit? _____

_____

_____

Der schönste Gedanke des Tages: _____

_____

_____

Drei Dinge, die mich glücklich gemacht haben:

1. _____

2. _____

3. _____

Darauf freue ich mich: _____

_____

_____

Datum: _____   Uhrzeit: _____

Ich fühle mich

	ja	nein	etwas		ja	nein	etwas
schlecht	☐	☐	☐	niedergeschlagen	☐	☐	☐
resigniert	☐	☐	☐	aufgebracht	☐	☐	☐
kratzbürstig	☐	☐	☐	verschwiegen	☐	☐	☐
unbefriedigt	☐	☐	☐	gönnerhaft	☐	☐	☐
dekadent	☐	☐	☐	leer	☐	☐	☐
grüblerisch	☐	☐	☐	_____	☐	☐	☐

Das hat mir heute die Laune verhagelt: _____
_____

Ich sehe darin ☐ ein Problem ☐ eine Herausforderung, weil
_____

Die Zukunft sehe ich gerade
☐ schwarz ☐ weiß ☐ in vielen schillernden Grautönen

Wäre ich gerade lieber woanders? ☐ ja ☐ nein
Wenn ja, wo und warum? _____
_____

Nervigster Gesprächspartner: _____

Die Enttäuschung des Tages: _____
_____
_____
_____

Da schwimm ich auf der Welle des Erfolgs:

Das war ziemlich gut: _____
_____

Das leider weniger: _____
_____, aber das macht nichts.

Hab ich mich selbst belohnt? ☐ ja ☐ nein
Wenn ja, womit und wofür? _____

Wenn nein, warum nicht? _____
_____

So erholt bin ich: 0% [   ] 100%

Das habe ich genossen: _____
_____

Guter Vorsatz für morgen: _____
_____

Datum: _____   Uhrzeit: _____

So viele Haare waren in
der Suppe:

Das hat mir richtig schlechte Laune gemacht: _____

Das lag vor allem daran, dass: _____

So bewerte ich die Gesamtsituation: 🐜☐ 🐘☐

Diese Leute habe ich gesehen: _____

Und diese hätte ich viel lieber gesehen: _____

Drei Dinge, die mich genervt haben:
1. _____
2. _____
3. _____

So frustriert bin ich: 0% [_____] 100%

Davor fürchte ich mich (ein wenig): _____

Ich fühle mich:

	ja	nein	etwas		ja	nein	etwas
großherzig	☐	☐	☐	elfengleich	☐	☐	☐
kleingeistig	☐	☐	☐	geduldig	☐	☐	☐
leichtgläubig	☐	☐	☐	geliebt	☐	☐	☐
leichtsinnig	☐	☐	☐	freundlich	☐	☐	☐
zaghaft	☐	☐	☐	stark	☐	☐	☐
guter Dinge	☐	☐	☐	_____	☐	☐	☐

Bin ich meinen Zielen näher gekommen? ☐ja ☐nein
Inwiefern? _____

Hab ich mich ablenken lassen? ☐natürlich nicht ☐minimal
Woron? _____

Das hätte nicht besser laufen können: _____
_____
_____

Drei Dinge, mit denen ich sehr zufrieden bin:
1. _____
2. _____
3. _____

Dieser Tag hat mir ☐gut ☐wahnsinnig gut gefallen, weil
_____
_____
_____

Datum: _____ Uhrzeit: _____

Ich fühle mich:

	ja	nein	etwas		ja	nein	etwas
zweifelnd	☐	☐	☐	sentimental	☐	☐	☐
ruhig	☐	☐	☐	intelligent	☐	☐	☐
erschlagen	☐	☐	☐	rastlos	☐	☐	☐
verlogen	☐	☐	☐	platt	☐	☐	☐
zerknirscht	☐	☐	☐	widerborstig	☐	☐	☐
überrascht	☐	☐	☐	_____	☐	☐	☐

Schon nachdem ich aufgestanden bin, war ich genervt von _____
_____. Mittags habe ich leider _____
_____ und abends war ich
dann froh, dass _____
_____

Sonst noch was? _____
_____
_____
_____

Wie gut bin ich heute gescheitert?
☐ perfekt ☐ annehmbar ☐ fulminant ☐ _____

Wovor hab ich Angst und warum? _____
_____
_____

So viele Flausen hab ich heute im Kopf:

Damit hab ich meine Zeit verbracht:
Essen: ___ Stunden   Glücklich sein: ___ Stunden
Schlafen: ___ Stunden   Faulenzen: ___ Stunden
Lesen: ___ Stunden   _____: ___ Stunden

Ich habe heute nicht nur _____

_____ , sondern ich habe auch _____

_____

Darauf bin ich ☐ sehr ☐ ein bisschen stolz

Hans im Glück ___%, Pechmarie ___%

Das hat mich zum Lachen gebracht: _____

_____

Dieser Tag war mein Freund, weil _____

_____

_____

_____

Datum: _____   Uhrzeit: _____

So sieht die Laus aus, die mir
über die Leber gelaufen ist:

♩♩   ♩♩

Das ging heute schief: _____
_____
_____

Trotzdem aus Versehen gelacht? ☐ mal
Worüber? _____
_____

Damit hab ich ziemlich viel Zeit verplempert: _____
_____
_____

Bereue ich es? ☐ ja ☐ nein

Das ging mir gegen den Strich: _____
_____
_____

Drei Dinge, die ich morgen besser machen könnte:
1. _____
2. _____
3. _____

So fühle ich mich:

	ja	nein	etwas		ja	nein	etwas
niedlich	☐	☐	☐	lebendig	☐	☐	☐
gelassen	☐	☐	☐	vorlaut	☐	☐	☐
extrovertiert	☐	☐	☐	überschwänglich	☐	☐	☐
verdutzt	☐	☐	☐	verdreht	☐	☐	☐
geschwätzig	☐	☐	☐	motiviert	☐	☐	☐
genial	☐	☐	☐	_____	☐	☐	☐

Menschen getroffen: ☐ Stück, Namen: _____
_____

Liebster Gesprächspartner: _____
So viele Menschen hab ich mit meiner guten Laune angesteckt:
☐ Stück, Namen: _____

Das habe ich heute getan, um meinen Zielen näher zu kommen:
_____
_____
_____

Das war sonst noch so los: _____
_____
_____

Ich freue mich auf morgen, ☐ weil ☐ obwohl _____
_____
_____
_____

Datum: _____ Uhrzeit: _____

☁️
┊┊┊

Ich fühle mich:

	ja	nein	etwas		ja	nein	etwas
ratlos	☐	☐	☐	resigniert	☐	☐	☐
verpennt	☐	☐	☐	verzagt	☐	☐	☐
sachlich	☐	☐	☐	leer	☐	☐	☐
chaotisch	☐	☐	☐	unflexibel	☐	☐	☐
idiotisch	☐	☐	☐	bedrückt	☐	☐	☐
verloren	☐	☐	☐	_____	☐	☐	☐

Das habe ich heute gemacht: _____

_____

Und das hätte ich viel lieber gemacht: _____

_____

_____

Ich hab darüber nachgedacht, ob ich _____

_____ oder besser nicht. Nach reiflicher

Überlegung bin ich zum Entschluss gekommen, dass _____

_____

Sind Zweifel angebracht? ☐ auf jeden Fall! ☐ höchstens kleine
Warum? _____

_____

Schlimmster Tiefpunkt des Tages: _____

_____

_____

So weit bin ich über meinen Schatten gesprungen:

1 2 3 4 5 6 7 8 9 10 11

Ich bin stolz darauf, dass ich _____

_____

Das war zwar nicht so optimal: _____

_____,

aber dafür hat das ganz gut geklappt: _____

_____

Auch das hat mich motiviert: _____

_____

Diese drei Kleinigkeiten haben mir Freude gemacht:

1. _____

2. _____

3. _____

Gelacht: ☐ mal. Worüber? _____

_____

Schönster Höhepunkt des Tages: _____

_____

_____

Datum: _____   Uhrzeit: _____

So voll hab ich die Nase:
(Füllstand einzeichnen)

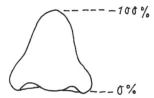

Damit hab ich mich heute abgekämpft: _____
_____
_____

Das ging mir dabei durch den Kopf: _____
_____
_____

Da war der Wurm drin: _____
_____
_____

Wie schwer fällt es mir gerade, positiv zu denken?
☐ sehr schwer ☐ es ist möglich
Warum? _____

Ein bisschen Platz für allgemeines Genörgel: _____
_____
_____
_____

Ich fühle mich:

	ja	nein	etwas		ja	nein	etwas
glücklich	☐	☐	☐	erholt	☐	☐	☐
anständig	☐	☐	☐	zahm	☐	☐	☐
unvergesslich	☐	☐	☐	spendabel	☐	☐	☐
hoffnungsvoll	☐	☐	☐	fleißig	☐	☐	☐
schüchtern	☐	☐	☐	einzigartig	☐	☐	☐
nüchtern	☐	☐	☐	_____	☐	☐	☐

Davon hab ich mich überhaupt nicht stressen lassen: _____
_____
_____

Gute Nachrichten: _____
_____
_____
_____

Ich spiele mit dem Gedanken _____
_____
_____

So zufrieden bin ich: 0% [_____] 100%

Morgen wird ein guter Tag, weil _____
_____
_____
_____

Datum: _____   Uhrzeit: _____

So fühle ich mich:

	ja	nein	etwas		ja	nein	etwas
schrecklich	☐	☐	☐	geizig	☐	☐	☐
verklemmt	☐	☐	☐	hässlich	☐	☐	☐
naiv	☐	☐	☐	dünnhäutig	☐	☐	☐
primitiv	☐	☐	☐	entrückt	☐	☐	☐
herrisch	☐	☐	☐	überflüssig	☐	☐	☐
aufgebracht	☐	☐	☐	verschlossen	☐	☐	☐
geradlinig	☐	☐	☐	hormongesteuert	☐	☐	☐
wortkarg	☐	☐	☐	_____	☐	☐	☐

Das hätte ich gerne anders gemacht: _____
_____
_____

Habe ich meine Ziele zu hoch gesteckt? ☐ ja ☐ nein ☐ etwas
Details: _____
_____

Plagen mich Zweifel? ☐ ja ☐ nein
Welche? _____
_____

Das ist wirklich ☐ ein Drama! ☐ alles halb so wild

So gestresst bin ich: 0% [_____] 100%

Das geht mir auf den Keks: _____
_____

Freude

wie ein
Schneekönig

kaum vorhanden

6   9   12   15   18   21   Uhrzeit

Besser hätte es nicht kommen können. Morgens habe ich _____

_____ ,

danach war ich _____

_____ und abends habe ich _____

Auch in dieser Hinsicht wurden meine Erwartungen übertroffen:

_____

_____

Könnte es noch besser kommen? ☐ ja ☐ nein ☐ vielleicht
Wie? _____

_____

Hat mir jemand eine Freude gemacht? ☐ ja ☐ nein
Wer? Womit? _____

_____

_____

Das wünsche ich mir für ☐ morgen ☐ die Zukunft: _____

_____

_____

_____

Datum: _____   Uhrzeit: _____

Wehwehchen und Zipperlein:
(entsprechende Körperteile markieren)

So viel Zeit hab ich verschwendet mit
Arbeiten: ___ Stunden   Grübeln: ___ Stunden
Essen: ___ Stunden   Hadern: ___ Stunden
Fernsehen: ___ Stunden   _____: ___ Stunden

Wäre ich lieber im Bett geblieben? ☐ ja ☐ nein
Warum? _____
_____

Meine größte Angst ist gerade, dass _____
_____
_____, aber_____
_____

Geweint: ☐ mal. Worüber? _____
_____

Der Aufreger des Tages: _____
_____
_____
_____

Ich fühle mich:

	ja	nein	etwas			ja	nein	etwas
friedlich	☐	☐	☐	still		☐	☐	☐
exotisch	☐	☐	☐	gut		☐	☐	☐
ehrenhaft	☐	☐	☐	lieblich		☐	☐	☐
beeindruckt	☐	☐	☐	phänomenal		☐	☐	☐
fürsorglich	☐	☐	☐	frech		☐	☐	☐
schrill	☐	☐	☐	so lala		☐	☐	☐
verhuscht	☐	☐	☐	entspannt		☐	☐	☐
renitent	☐	☐	☐	_____		☐	☐	☐

Das hat mich ziemlich glücklich gemacht: _____
_____

Und das hat mich zum Lachen gebracht: _____
_____

Hab ich mich selbst überrascht? ☐ ja ☐ nein
Womit? _____
_____

Dafür hätte ich einen Orden verdient: _____
_____
_____

Morgen könnte ich _____
_____
_____

Datum: _____   Uhrzeit: _____

Ich fühle mich:

	ja	nein	etwas		ja	nein	etwas
schlapp	☐	☐	☐	überheblich	☐	☐	☐
einsam	☐	☐	☐	enttäuscht	☐	☐	☐
gebildet	☐	☐	☐	hässlich	☐	☐	☐
feindselig	☐	☐	☐	langsam	☐	☐	☐
debil	☐	☐	☐	penibel	☐	☐	☐
verbrämt	☐	☐	☐	sensibel	☐	☐	☐
stur	☐	☐	☐	erbost	☐	☐	☐
verschlossen	☐	☐	☐	_____	☐	☐	☐

Damit hatte ich echt Pech: _____

_____

Und das fehlt mir gerade: _____

_____

Ich bin mit der Gesamtsituation ☐ unzufrieden ☐ zufrieden, weil

_____

_____

_____

Möchte ich heute lieber jemand anders sein? ☐ ja ☐ nein
Wenn ja, wer? _____

Nervt mich die gute Laune anderer? ☐ ja ☐ nein
Und wieso? _____

_____

So glücklich bin ich:

Diese Farbe beschreibt meine Laune am besten: _____

Komplimente bekommen? ☐ ja ☐ nein
Wenn ja, wofür? _____
_____

Und jetzt mach ich mir selbst noch welche!
Das hab ich gut gemacht: _____
_____ ,
und ganz besonders Hut ab für meine _____
_____

Dumm gelaufen: _____
_____
_____ ,
aber das Gute daran ist _____
_____
_____

Drei besondere Momente des Tages:
1. _____
2. _____
3. _____

Datum: _____   Uhrzeit: _____

Stimmung:

ganz okay

wirklich mies

6   9   12   15   18   21   Uhrzeit

Das hat mir heute gar nicht gut gefallen: _____

_____

_____. Schwamm drüber!

Ich habe _____ so richtig meine Meinung über

_____ gesagt.

Jetzt fühle ich mich ☐ besser ☐ schlechter ☐ genau wie vorher

Ich habe leider nicht mehr geschafft _____

_____, aber morgen hole ich es vermutlich nach.

Das hat mich nachdenklich gestimmt: _____

_____

Verbesserungsvorschläge für ☐ morgen ☐ die Zukunft allgemein:

_____

_____

_____

So fühle ich mich:

	ja	nein	etwas			ja	nein	etwas
kreativ	☐	☐	☐	lustig		☐	☐	☐
zufrieden	☐	☐	☐	frei		☐	☐	☐
geheimnisumwoben	☐	☐	☐	feinsinnig		☐	☐	☐
bombastisch	☐	☐	☐	klug		☐	☐	☐
eingebildet	☐	☐	☐	flatterhaft		☐	☐	☐
schnell	☐	☐	☐	effizient		☐	☐	☐
sexy	☐	☐	☐	verlegen		☐	☐	☐
durchschnittlich	☐	☐	☐	_____		☐	☐	☐

Hab ich mich selbst übertroffen? ☐ ja ☐ nein
Wenn ja, womit? _____
_____
_____

Der schönste Gedanke des Tages: _____
_____
_____

Drei Dinge, die mich glücklich gemacht haben:
1. _____
2. _____
3. _____

Darauf freue ich mich: _____
_____
_____

Datum: _____   Uhrzeit: _____

Ich fühle mich

	ja	nein	etwas		ja	nein	etwas
schlecht	☐	☐	☐	niedergeschlagen	☐	☐	☐
resigniert	☐	☐	☐	aufgebracht	☐	☐	☐
kratzbürstig	☐	☐	☐	verschwiegen	☐	☐	☐
unbefriedigt	☐	☐	☐	gönnerhaft	☐	☐	☐
dekadent	☐	☐	☐	leer	☐	☐	☐
grüblerisch	☐	☐	☐		☐	☐	☐

Das hat mir heute die Laune verhagelt: _____
_____

Ich sehe darin ☐ ein Problem ☐ eine Herausforderung, weil
_____

Die Zukunft sehe ich gerade
☐ schwarz ☐ weiß ☐ in vielen schillernden Grautönen

Wäre ich gerade lieber woanders? ☐ ja ☐ nein
Wenn ja, wo und warum? _____

Nervigster Gesprächspartner: _____

Die Enttäuschung des Tages: _____
_____
_____

Da schwimm ich auf der Welle des Erfolgs:

Das war ziemlich gut: _____
_____

Das leider weniger: _____
_____, aber das macht nichts.

Hab ich mich selbst belohnt? ☐ ja ☐ nein
Wenn ja, womit und wofür? _____

Wenn nein, warum nicht? _____
_____

So erholt bin ich: 0% [_____] 100%

Das habe ich genossen: _____
_____
_____

Guter Vorsatz für morgen: _____
_____
_____

Datum: _____   Uhrzeit: _____

So viele Haare waren in
der Suppe:

Das hat mir richtig schlechte Laune gemacht: _____

_____

Das lag vor allem daran, dass: _____

_____

So bewerte ich die Gesamtsituation: 🐜 ☐   🐘 ☐

Diese Leute habe ich gesehen: _____

Und diese hätte ich viel lieber gesehen: _____

Drei Dinge, die mich genervt haben:
1. _____
2. _____
3. _____

So frustriert bin ich: 0% [_____] 100%

Davor fürchte ich mich (ein wenig): _____

_____

Ich fühle mich:

	ja	nein	etwas		ja	nein	etwas
großherzig	☐	☐	☐	elfengleich	☐	☐	☐
kleingeistig	☐	☐	☐	geduldig	☐	☐	☐
leichtgläubig	☐	☐	☐	geliebt	☐	☐	☐
leichtsinnig	☐	☐	☐	freundlich	☐	☐	☐
zaghaft	☐	☐	☐	stark	☐	☐	☐
guter Dinge	☐	☐	☐		☐	☐	☐

Bin ich meinen Zielen näher gekommen? ☐ ja ☐ nein
Inwiefern? _____

Hab ich mich ablenken lassen? ☐ natürlich nicht ☐ minimal
Woron? _____

Das hätte nicht besser laufen können: _____
_____
_____

Drei Dinge, mit denen ich sehr zufrieden bin:
1. _____
2. _____
3. _____

Dieser Tag hat mir ☐ gut ☐ wahnsinnig gut gefallen, weil
_____
_____
_____

Datum: _____   Uhrzeit: _____

Ich fühle mich:

	ja	nein	etwas			ja	nein	etwas
zweifelnd	☐	☐	☐	sentimental		☐	☐	☐
ruhig	☐	☐	☐	intelligent		☐	☐	☐
erschlagen	☐	☐	☐	rastlos		☐	☐	☐
verlogen	☐	☐	☐	platt		☐	☐	☐
zerknirscht	☐	☐	☐	widerborstig		☐	☐	☐
überrascht	☐	☐	☐	_____		☐	☐	☐

Schon nachdem ich aufgestanden bin, war ich genervt von _____
_____. Mittags habe ich leider _____
_____
_____ und abends war ich
dann froh, dass _____
_____

Sonst noch was? _____
_____
_____
_____

Wie gut bin ich heute gescheitert?
☐ perfekt ☐ annehmbar ☐ fulminant ☐ _____

Wovor hab ich Angst und warum? _____
_____
_____

So viele Flausen hab ich heute im Kopf:

Damit hab ich meine Zeit verbracht:

Essen: ___ Stunden   Glücklich sein: ___ Stunden
Schlafen: ___ Stunden   Faulenzen: ___ Stunden
Lesen: ___ Stunden   _____: ___ Stunden

Ich habe heute nicht nur _____

_____ , sondern ich habe auch _____

Darauf bin ich ☐ sehr ☐ ein bisschen stolz

Hans im Glück ___% , Pechmarie___%

Das hat mich zum Lachen gebracht: _____

Dieser Tag war mein Freund, weil _____

_____

_____

Raue See

(Wetter einzeichnen)

Das geht momentan schief: _____

_____

_____

_____

_____

_____

_____

_____

_____

_____

_____

Wind in den Segeln
(Wetter einzeichnen)

Das läuft gerade super :_____
_____
_____
_____
_____
_____
_____
_____
_____
_____
_____
_____

Datum: _____   Uhrzeit: _____

So sieht die Laus aus, die mir
über die Leber gelaufen ist:

                          ♩♩   ♩♩

Das ging heute schief: _____

_____

Trotzdem aus Versehen gelacht? ☐ mal
Worüber? _____

_____

Damit hab ich ziemlich viel Zeit verplempert: _____

_____

Bereue ich es? ☐ ja ☐ nein

Das ging mir gegen den Strich: _____

_____

Drei Dinge, die ich morgen besser machen könnte:
1. _____
2. _____
3. _____

So fühle ich mich:

	ja	nein	etwas		ja	nein	etwas
niedlich	☐	☐	☐	lebendig	☐	☐	☐
gelassen	☐	☐	☐	vorlaut	☐	☐	☐
extrovertiert	☐	☐	☐	überschwänglich	☐	☐	☐
verdutzt	☐	☐	☐	verdreht	☐	☐	☐
geschwätzig	☐	☐	☐	motiviert	☐	☐	☐
genial	☐	☐	☐	_____	☐	☐	☐

Menschen getroffen: ☐ Stück, Namen: _____

_____

Liebster Gesprächspartner: _____

So viele Menschen hab ich mit meiner guten Laune angesteckt:

☐ Stück, Namen: _____

Das habe ich heute getan, um meinen Zielen näher zu kommen:

_____

_____

_____

Das war sonst noch so los: _____

_____

_____

Ich freue mich auf morgen, ☐ weil ☐ obwohl _____

_____

_____

_____

Datum : _____   Uhrzeit : _____

☁️
'''

Ich fühle mich :

	ja	nein	etwas		ja	nein	etwas
ratlos	☐	☐	☐	resigniert	☐	☐	☐
verpeunt	☐	☐	☐	verzagt	☐	☐	☐
sachlich	☐	☐	☐	leer	☐	☐	☐
chaotisch	☐	☐	☐	unflexibel	☐	☐	☐
idiotisch	☐	☐	☐	bedrückt	☐	☐	☐
verloren	☐	☐	☐	_____	☐	☐	☐

Das habe ich heute gemacht : _____
_____

Und das hätte ich viel lieber gemacht : _____
_____
_____

Ich hab darüber nachgedacht, ob ich _____
_____ oder besser nicht. Nach reiflicher
Überlegung bin ich zum Entschluss gekommen, dass _____
_____

Sind Zweifel angebracht? ☐ auf jeden Fall! ☐ höchstens kleine
Warum? _____
_____

Schlimmster Tiefpunkt des Tages : _____
_____
_____

So weit bin ich über meinen Schatten gesprungen:

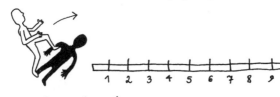

1 2 3 4 5 6 7 8 9 10 11

Ich bin stolz darauf, dass ich _____

_____

Das war zwar nicht so optimal: _____

_____ ,

aber dafür hat das ganz gut geklappt: _____

_____

Auch das hat mich motiviert: _____

_____

Diese drei Kleinigkeiten haben mir Freude gemacht:

1. _____

2. _____

3. _____

Gelacht: ☐ mal. Worüber? _____

_____

Schönster Höhepunkt des Tages: _____

_____

_____

Datum: _____   Uhrzeit: _____

So voll hab ich die Nase:
(Füllstand einzeichnen)

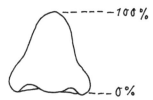

- - - - - 100 %

- - - 0 %

Damit hab ich mich heute abgekämpft: _____
_____
_____

Das ging mir dabei durch den Kopf: _____
_____
_____

Da war der Wurm drin: _____
_____
_____

Wie schwer fällt es mir gerade, positiv zu denken?
☐ sehr schwer ☐ es ist möglich
Warum? _____
_____

Ein bisschen Platz für allgemeines Genörgel: _____
_____
_____
_____

Ich fühle mich:

	ja	nein	etwas		ja	nein	etwas
glücklich	☐	☐	☐	erholt	☐	☐	☐
anständig	☐	☐	☐	zahm	☐	☐	☐
unvergesslich	☐	☐	☐	spendabel	☐	☐	☐
hoffnungsvoll	☐	☐	☐	fleißig	☐	☐	☐
schüchtern	☐	☐	☐	einzigartig	☐	☐	☐
nüchtern	☐	☐	☐	_____	☐	☐	☐

Davon hab ich mich überhaupt nicht stressen lassen: _____

_____

_____

Gute Nachrichten: _____

_____

_____

_____

Ich spiele mit dem Gedanken _____

_____

_____

So zufrieden bin ich: 0% [   ] 100%

Morgen wird ein guter Tag, weil _____

_____

_____

_____

Datum: _____   Uhrzeit: _____

So fühle ich mich:

	ja	nein	etwas		ja	nein	etwas
schrecklich	☐	☐	☐	geizig	☐	☐	☐
verklemmt	☐	☐	☐	hässlich	☐	☐	☐
naiv	☐	☐	☐	dünnhäutig	☐	☐	☐
primitiv	☐	☐	☐	entrückt	☐	☐	☐
herrisch	☐	☐	☐	überflüssig	☐	☐	☐
aufgebracht	☐	☐	☐	verschlossen	☐	☐	☐
geradlinig	☐	☐	☐	hormongesteuert	☐	☐	☐
wortkarg	☐	☐	☐	_____	☐	☐	☐

Das hätte ich gerne anders gemacht: _____
_____
_____

Habe ich meine Ziele zu hoch gesteckt? ☐ ja ☐ nein ☐ etwas
Details: _____
_____

Plagen mich Zweifel? ☐ ja ☐ nein
Welche? _____
_____

Das ist wirklich ☐ ein Drama! ☐ alles halb so wild

So gestresst bin ich: 0% ▢▭▭▭▭▭▭▭▭▭▭▭ 100%

Das geht mir auf den Keks: _____
_____

Freude — wie ein Schneekönig

kaum vorhanden

6   9   12   15   18   21   Uhrzeit

Besser hätte es nicht kommen können. Morgens habe ich _____

_____,

danach war ich _____

_____ und abends habe ich _____

Auch in dieser Hinsicht wurden meine Erwartungen übertroffen:

_____

_____

Könnte es noch besser kommen? ☐ ja ☐ nein ☐ vielleicht
Wie? _____

_____

Hat mir jemand eine Freude gemacht? ☐ ja ☐ nein
Wer? Womit? _____

_____

_____

Das wünsche ich mir für ☐ morgen ☐ die Zukunft: _____

_____

_____

_____

Datum: _____   Uhrzeit: _____

Wehwehchen und Zipperlein:
(entsprechende Körperteile markieren)

So viel Zeit hab ich verschwendet mit

Arbeiten: ___ Stunden   Grübeln: ___ Stunden
Essen: ___ Stunden   Hadern: ___ Stunden
Fernsehen: ___ Stunden   _____: ___ Stunden

Wäre ich lieber im Bett geblieben? ☐ ja ☐ nein
Warum? _____
_____

Meine größte Angst ist gerade, dass _____
_____
_____, aber_____
_____

Geweint: ☐ mal. Worüber? _____
_____

Der Aufreger des Tages: _____
_____
_____
_____

Ich fühle mich:

	ja	nein	etwas			ja	nein	etwas
friedlich	☐	☐	☐	still		☐	☐	☐
exotisch	☐	☐	☐	gut		☐	☐	☐
ehrenhaft	☐	☐	☐	lieblich		☐	☐	☐
beeindruckt	☐	☐	☐	phänomenal		☐	☐	☐
fürsorglich	☐	☐	☐	frech		☐	☐	☐
schrill	☐	☐	☐	so lala		☐	☐	☐
verhuscht	☐	☐	☐	entspannt		☐	☐	☐
renitent	☐	☐	☐	_____		☐	☐	☐

Das hat mich ziemlich glücklich gemacht: _____
_____

Und das hat mich zum Lachen gebracht: _____
_____

Hab ich mich selbst überrascht? ☐ ja ☐ nein
Womit? _____
_____

Dafür hätte ich einen Orden verdient: _____
_____
_____

Morgen könnte ich _____
_____
_____

Datum: _____   Uhrzeit: _____

Ich fühle mich:

	ja	nein	etwas		ja	nein	etwas
schlapp	☐	☐	☐	überheblich	☐	☐	☐
einsam	☐	☐	☐	enttäuscht	☐	☐	☐
gebildet	☐	☐	☐	hässlich	☐	☐	☐
feindselig	☐	☐	☐	langsam	☐	☐	☐
debil	☐	☐	☐	penibel	☐	☐	☐
verbrämt	☐	☐	☐	sensibel	☐	☐	☐
stur	☐	☐	☐	erbost	☐	☐	☐
verschlossen	☐	☐	☐	_____	☐	☐	☐

Damit hatte ich echt Pech: _____
_____

Und das fehlt mir gerade: _____
_____

Ich bin mit der Gesamtsituation ☐ unzufrieden ☐ zufrieden, weil
_____
_____
_____

Möchte ich heute lieber jemand anders sein? ☐ ja ☐ nein
Wenn ja, wer? _____

Nervt mich die gute Laune anderer? ☐ ja ☐ nein
Und wieso? _____

So glücklich bin ich:

Diese Farbe beschreibt meine Laune am besten: _____

Komplimente bekommen? ☐ ja ☐ nein
Wenn ja, wofür? _____
_____

Und jetzt mach ich mir selbst noch welche!
Das hab ich gut gemacht: _____
_____ ,
und ganz besonders Hut ab für meine _____
_____

Dumm gelaufen: _____
_____
_____ ,
aber das Gute daran ist _____
_____
_____

Drei besondere Momente des Tages:
1. _____
2. _____
3. _____

Datum: _____ Uhrzeit: _____

🌧️

Stimmung:

ganz okay

wirklich mies

6   9   12   15   18   21   Uhrzeit

Das hat mir heute gar nicht gut gefallen: _____

_____

_____. Schwamm drüber!

Ich habe _____ so richtig meine Meinung über

_____ gesagt.

Jetzt fühle ich mich ☐ besser ☐ schlechter ☐ genau wie vorher

Ich habe leider nicht mehr geschafft _____

_____, aber morgen hole ich es vermutlich nach.

Das hat mich nachdenklich gestimmt: _____

_____

_____

Verbesserungsvorschläge für ☐ morgen ☐ die Zukunft allgemein:

_____

_____

_____

So fühle ich mich:

	ja	nein	etwas			ja	nein	etwas
kreativ	☐	☐	☐	lustig		☐	☐	☐
zufrieden	☐	☐	☐	frei		☐	☐	☐
geheimnisumwoben	☐	☐	☐	feinsinnig		☐	☐	☐
bombastisch	☐	☐	☐	klug		☐	☐	☐
eingebildet	☐	☐	☐	flatterhaft		☐	☐	☐
schnell	☐	☐	☐	effizient		☐	☐	☐
sexy	☐	☐	☐	verlegen		☐	☐	☐
durchschnittlich	☐	☐	☐	_____		☐	☐	☐

Hab ich mich selbst übertroffen? ☐ ja ☐ nein

Wenn ja, womit? _____

_____

_____

Der schönste Gedanke des Tages: _____

_____

_____

Drei Dinge, die mich glücklich gemacht haben:

1. _____

2. _____

3. _____

Darauf freue ich mich: _____

_____

_____

Datum: _____   Uhrzeit: _____

Ich fühle mich

	ja	nein	etwas			ja	nein	etwas
schlecht	☐	☐	☐	niedergeschlagen		☐	☐	☐
resigniert	☐	☐	☐	aufgebracht		☐	☐	☐
kratzbürstig	☐	☐	☐	verschwiegen		☐	☐	☐
unbefriedigt	☐	☐	☐	gönnerhaft		☐	☐	☐
dekadent	☐	☐	☐	leer		☐	☐	☐
grüblerisch	☐	☐	☐	_____		☐	☐	☐

Das hat mir heute die Laune verhagelt: _____
_____

Ich sehe darin ☐ ein Problem ☐ eine Herausforderung, weil
_____

Die Zukunft sehe ich gerade
☐ schwarz ☐ weiß ☐ in vielen schillernden Grautönen

Wäre ich gerade lieber woanders? ☐ ja ☐ nein
Wenn ja, wo und warum? _____
_____

Nervigster Gesprächspartner: _____

Die Enttäuschung des Tages: _____
_____
_____
_____

Da schwimm ich auf der Welle des Erfolgs:

Das war ziemlich gut: _____
_____

Das leider weniger: _____
_____, aber das macht nichts.

Hab ich mich selbst belohnt? ☐ja ☐nein
Wenn ja, womit und wofür? _____
_____

Wenn nein, warum nicht? _____
_____

So erholt bin ich: 0% [_____] 100%

Das habe ich genossen: _____
_____
_____

Guter Vorsatz für morgen: _____
_____

Datum: _____   Uhrzeit: _____

So viele Haare waren in
der Suppe:

Das hat mir richtig schlechte Laune gemacht: _____
_____

Das lag vor allem daran, dass: _____
_____

So bewerte ich die Gesamtsituation: 🐜 ☐   🐘 ☐

Diese Leute habe ich gesehen: _____

Und diese hätte ich viel lieber gesehen: _____
_____

Drei Dinge, die mich genervt haben:
1. _____
2. _____
3. _____

So frustriert bin ich: 0% [   ] 100%

Davor fürchte ich mich (ein wenig): _____
_____

Ich fühle mich:

	ja	nein	etwas			ja	nein	etwas
großherzig	☐	☐	☐	elfengleich		☐	☐	☐
kleingeistig	☐	☐	☐	geduldig		☐	☐	☐
leichtgläubig	☐	☐	☐	geliebt		☐	☐	☐
leichtsinnig	☐	☐	☐	freundlich		☐	☐	☐
zaghaft	☐	☐	☐	stark		☐	☐	☐
guter Dinge	☐	☐	☐	_____		☐	☐	☐

Bin ich meinen Zielen näher gekommen? ☐ ja ☐ nein
Inwiefern? _____

Hab ich mich ablenken lassen? ☐ natürlich nicht ☐ minimal
Woron? _____

Das hätte nicht besser laufen können: _____
_____
_____

Drei Dinge, mit denen ich sehr zufrieden bin:
1. _____
2. _____
3. _____

Dieser Tag hat mir ☐ gut ☐ wahnsinnig gut gefallen, weil
_____
_____
_____

Datum: _____   Uhrzeit: _____

Ich fühle mich:

	ja	nein	etwas		ja	nein	etwas
zweifelnd	☐	☐	☐	sentimental	☐	☐	☐
ruhig	☐	☐	☐	intelligent	☐	☐	☐
erschlagen	☐	☐	☐	rastlos	☐	☐	☐
verlogen	☐	☐	☐	platt	☐	☐	☐
zerknirscht	☐	☐	☐	widerborstig	☐	☐	☐
überrascht	☐	☐	☐	_____	☐	☐	☐

Schon nachdem ich aufgestanden bin, war ich genervt von _____

_____ . Mittags habe ich leider _____

_____ und abends war ich

dann froh, dass _____

_____

Sonst noch was? _____

_____

_____

_____

Wie gut bin ich heute gescheitert?
☐ perfekt ☐ annehmbar ☐ fulminant ☐ _____

Wovor hab ich Angst und warum? _____

_____

_____

So viele Flausen hab ich heute im Kopf:

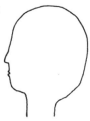

Damit hab ich meine Zeit verbracht:

Essen: ___ Stunden   Glücklich sein: ___ Stunden
Schlafen: ___ Stunden   Faulenzen: ___ Stunden
Lesen: ___ Stunden   _____: ___ Stunden

Ich habe heute nicht nur _____

_____, sondern ich habe auch _____

Darauf bin ich ☐ sehr ☐ ein bisschen stolz

Hans im Glück ___ %, Pechmarie ___ %

Das hat mich zum Lachen gebracht: _____
_____

Dieser Tag war mein Freund, weil _____
_____
_____
_____

Datum: _____   Uhrzeit: _____

So sieht die Laus aus, die mir
über die Leber gelaufen ist:

♩♩   ♩♩

Das ging heute schief: _____
_____
_____

Trotzdem aus Versehen gelacht? ☐ mal
Worüber? _____
_____

Damit hab ich ziemlich viel Zeit verplempert: _____
_____
_____

Bereue ich es? ☐ ja ☐ nein

Das ging mir gegen den Strich: _____
_____
_____

Drei Dinge, die ich morgen besser machen könnte:
1. _____
2. _____
3. _____

So fühle ich mich:

	ja	nein	etwas		ja	nein	etwas
niedlich	☐	☐	☐	lebendig	☐	☐	☐
gelassen	☐	☐	☐	vorlaut	☐	☐	☐
extrovertiert	☐	☐	☐	überschwänglich	☐	☐	☐
verdutzt	☐	☐	☐	verdreht	☐	☐	☐
geschwätzig	☐	☐	☐	motiviert	☐	☐	☐
genial	☐	☐	☐	_____	☐	☐	☐

Menschen getroffen: ☐ Stück, Namen: _____

_____

Liebster Gesprächspartner: _____

So viele Menschen hab ich mit meiner guten Laune angesteckt:
☐ Stück, Namen: _____

Das habe ich heute getan, um meinen Zielen näher zu kommen:

_____
_____
_____

Das war sonst noch so los: _____
_____
_____

Ich freue mich auf morgen, ☐ weil ☐ obwohl _____
_____
_____
_____

Datum: _____   Uhrzeit: _____

Ich fühle mich:

	ja	nein	etwas		ja	nein	etwas
ratlos	☐	☐	☐	resigniert	☐	☐	☐
verpennt	☐	☐	☐	verzagt	☐	☐	☐
sachlich	☐	☐	☐	leer	☐	☐	☐
chaotisch	☐	☐	☐	unflexibel	☐	☐	☐
idiotisch	☐	☐	☐	bedrückt	☐	☐	☐
verloren	☐	☐	☐	_____	☐	☐	☐

Das habe ich heute gemacht: _____

Und das hätte ich viel lieber gemacht: _____
_____
_____

Ich hab darüber nachgedacht, ob ich _____
_____
_____ oder besser nicht. Nach reiflicher
Überlegung bin ich zum Entschluss gekommen, dass _____
_____

Sind Zweifel angebracht? ☐ auf jeden Fall! ☐ höchstens kleine
Warum? _____
_____

Schlimmster Tiefpunkt des Tages: _____
_____
_____

So weit bin ich über meinen Schatten gesprungen:

| 1 | 2 | 3 | 4 | 5 | 6 | 7 | 8 | 9 | 10 | 11 |

Ich bin stolz darauf, dass ich _____

_____

Das war zwar nicht so optimal: _____

_____ ,

aber dafür hat das ganz gut geklappt: _____

_____

Auch das hat mich motiviert: _____

_____

Diese drei Kleinigkeiten haben mir Freude gemacht:

1. _____

2. _____

3. _____

Gelacht: ☐ mal. Worüber? _____

_____

Schönster Höhepunkt des Tages: _____

_____

_____

Datum: _____   Uhrzeit: _____

So voll hab ich die Nase:
(Füllstand einzeichnen)

— — — — — 100 %

0 %

Damit hab ich mich heute abgekämpft: _____
_____
_____

Das ging mir dabei durch den Kopf: _____
_____
_____

Da war der Wurm drin: _____
_____
_____

Wie schwer fällt es mir gerade, positiv zu denken?
☐ sehr schwer ☐ es ist möglich
Warum? _____
_____

Ein bisschen Platz für allgemeines Genörgel: _____
_____
_____
_____

Ich fühle mich:

	ja	nein	etwas		ja	nein	etwas
glücklich	☐	☐	☐	erholt	☐	☐	☐
anständig	☐	☐	☐	zahm	☐	☐	☐
unvergesslich	☐	☐	☐	spendabel	☐	☐	☐
hoffnungsvoll	☐	☐	☐	fleißig	☐	☐	☐
schüchtern	☐	☐	☐	einzigartig	☐	☐	☐
nüchtern	☐	☐	☐	_____	☐	☐	☐

Davon hab ich mich überhaupt nicht stressen lassen: _____
_____
_____

Gute Nachrichten: _____
_____
_____
_____

Ich spiele mit dem Gedanken _____
_____
_____

So zufrieden bin ich: 0% [   ] 100%

Morgen wird ein guter Tag, weil _____
_____
_____
_____

Datum: _____ Uhrzeit: _____

So fühle ich mich:

	ja	nein	etwas		ja	nein	etwas
schrecklich	☐	☐	☐	geizig	☐	☐	☐
verklemmt	☐	☐	☐	hässlich	☐	☐	☐
naiv	☐	☐	☐	dünnhäutig	☐	☐	☐
primitiv	☐	☐	☐	entrückt	☐	☐	☐
herrisch	☐	☐	☐	überflüssig	☐	☐	☐
aufgebracht	☐	☐	☐	verschlossen	☐	☐	☐
geradlinig	☐	☐	☐	hormongesteuert	☐	☐	☐
wortkarg	☐	☐	☐	_____	☐	☐	☐

Das hätte ich gerne anders gemacht: _____
_____
_____

Habe ich meine Ziele zu hoch gesteckt? ☐ ja ☐ nein ☐ etwas
Details: _____
_____

Plagen mich Zweifel? ☐ ja ☐ nein
Welche? _____
_____

Das ist wirklich ☐ ein Drama! ☐ alles halb so wild

So gestresst bin ich: 0% [_____] 100%

Das geht mir auf den Keks: _____
_____

Freude

wie ein
Schneekönig

kaum vorhanden

| | 6 | 9 | 12 | 15 | 18 | 21 | Uhrzeit |

Besser hätte es nicht kommen können. Morgens habe ich _____

_____ '

danach war ich _____

_____ und abends habe ich _____

Auch in dieser Hinsicht wurden meine Erwartungen übertroffen:

_____

_____

Könnte es noch besser kommen? ☐ ja ☐ nein ☐ vielleicht
Wie? _____

Hat mir jemand eine Freude gemacht? ☐ ja ☐ nein
Wer? Womit? _____

Das wünsche ich mir für ☐ morgen ☐ die Zukunft: _____

_____

_____

_____

Datum: _____ Uhrzeit: _____

Wehwehchen und Zipperlein:
(entsprechende Körperteile markieren)

So viel Zeit hab ich verschwendet mit

Arbeiten: ___ Stunden   Grübeln: ___ Stunden
Essen: ___ Stunden   Hadern: ___ Stunden
Fernsehen: ___ Stunden   _____: ___ Stunden

Wäre ich lieber im Bett geblieben? ☐ ja ☐ nein
Warum? _____
_____

Meine größte Angst ist gerade, dass _____
_____
_____, aber _____
_____

Geweint: ☐ mal. Worüber? _____
_____

Der Aufreger des Tages: _____
_____
_____
_____

Ich fühle mich:

	ja	nein	etwas		ja	nein	etwas
friedlich	☐	☐	☐	still	☐	☐	☐
exotisch	☐	☐	☐	gut	☐	☐	☐
ehrenhaft	☐	☐	☐	lieblich	☐	☐	☐
beeindruckt	☐	☐	☐	phänomenal	☐	☐	☐
fürsorglich	☐	☐	☐	frech	☐	☐	☐
schrill	☐	☐	☐	so lala	☐	☐	☐
verhuscht	☐	☐	☐	entspannt	☐	☐	☐
renitent	☐	☐	☐	_____	☐	☐	☐

Das hat mich ziemlich glücklich gemacht: _____
_____

Und das hat mich zum Lachen gebracht: _____
_____

Hab ich mich selbst überrascht? ☐ ja ☐ nein
Womit? _____
_____

Dafür hätte ich einen Orden verdient: _____
_____
_____

Morgen könnte ich _____
_____
_____

Datum: _____   Uhrzeit: _____

Ich fühle mich:

	ja	nein	etwas		ja	nein	etwas
schlapp	☐	☐	☐	überheblich	☐	☐	☐
einsam	☐	☐	☐	enttäuscht	☐	☐	☐
gebildet	☐	☐	☐	hässlich	☐	☐	☐
feindselig	☐	☐	☐	langsam	☐	☐	☐
debil	☐	☐	☐	penibel	☐	☐	☐
verbrämt	☐	☐	☐	sensibel	☐	☐	☐
stur	☐	☐	☐	erbost	☐	☐	☐
verschlossen	☐	☐	☐	_____	☐	☐	☐

Damit hatte ich echt Pech: _____
_____

Und das fehlt mir gerade: _____
_____

Ich bin mit der Gesamtsituation ☐ unzufrieden ☐ zufrieden, weil
_____
_____
_____

Möchte ich heute lieber jemand anders sein? ☐ ja ☐ nein
Wenn ja, wer? _____

Nervt mich die gute Laune anderer? ☐ ja ☐ nein
Und wieso? _____
_____

So glücklich bin ich:

Diese Farbe beschreibt meine Laune am besten: _____

Komplimente bekommen? ☐ ja ☐ nein
Wenn ja, wofür? _____

Und jetzt mach ich mir selbst noch welche!
Das hab ich gut gemacht: _____
_____ ,
und ganz besonders Hut ab für meine _____
_____

Dumm gelaufen: _____
_____
_____ ,
aber das Gute daran ist _____
_____
_____

Drei besondere Momente des Tages:
1. _____
2. _____
3. _____

Datum: _____   Uhrzeit: _____

Stimmung:

ganz okay

wirklich mies

| 6 | 9 | 12 | 15 | 18 | 21 | Uhrzeit

Das hat mir heute gar nicht gut gefallen: _____

_____

_____. Schwamm drüber!

Ich habe _____ so richtig meine Meinung über

_____ gesagt.

Jetzt fühle ich mich ☐ besser ☐ schlechter ☐ genau wie vorher

Ich habe leider nicht mehr geschafft _____

_____, aber morgen hole ich es vermutlich nach.

Das hat mich nachdenklich gestimmt: _____

_____

_____

Verbesserungsvorschläge für ☐ morgen ☐ die Zukunft allgemein:

_____

_____

_____

So fühle ich mich:

	ja	nein	etwas			ja	nein	etwas
kreativ	☐	☐	☐	lustig		☐	☐	☐
zufrieden	☐	☐	☐	frei		☐	☐	☐
geheimnisumwoben	☐	☐	☐	feinsinnig		☐	☐	☐
bombastisch	☐	☐	☐	klug		☐	☐	☐
eingebildet	☐	☐	☐	flatterhaft		☐	☐	☐
schnell	☐	☐	☐	effizient		☐	☐	☐
sexy	☐	☐	☐	verlegen		☐	☐	☐
durchschnittlich	☐	☐	☐	_____		☐	☐	☐

Hab ich mich selbst übertroffen? ☐ ja ☐ nein

Wenn ja, womit? _____

_____

_____

Der schönste Gedanke des Tages: _____

_____

_____

Drei Dinge, die mich glücklich gemacht haben:

1. _____

2. _____

3. _____

Darauf freue ich mich: _____

_____

_____

Datum: _____   Uhrzeit: _____

Ich fühle mich

	ja	nein	etwas		ja	nein	etwas
schlecht	☐	☐	☐	niedergeschlagen	☐	☐	☐
resigniert	☐	☐	☐	aufgebracht	☐	☐	☐
kratzbürstig	☐	☐	☐	verschwiegen	☐	☐	☐
unbefriedigt	☐	☐	☐	gönnerhaft	☐	☐	☐
dekadent	☐	☐	☐	leer	☐	☐	☐
grüblerisch	☐	☐	☐	_____	☐	☐	☐

Das hat mir heute die Laune verhagelt: _____
_____

Ich sehe darin ☐ ein Problem ☐ eine Herausforderung, weil
_____

Die Zukunft sehe ich gerade
☐ schwarz ☐ weiß ☐ in vielen schillernden Grautönen

Wäre ich gerade lieber woanders? ☐ ja ☐ nein
Wenn ja, wo und warum? _____
_____

Nervigster Gesprächspartner: _____

Die Enttäuschung des Tages: _____
_____
_____
_____

Da schwimm ich auf der Welle des Erfolgs:

Das war ziemlich gut: _____
_____

Das leider weniger: _____
_____, aber das macht nichts.

Hab ich mich selbst belohnt? ☐ ja ☐ nein
Wenn ja, womit und wofür? _____
_____

Wenn nein, warum nicht? _____

So erholt bin ich: 0% [_____] 100%

Das habe ich genossen: _____
_____
_____

Guter Vorsatz für morgen: _____
_____

Datum: _____   Uhrzeit: _____

So viele Haare waren in
der Suppe:

Das hat mir richtig schlechte Laune gemacht: _____

Das lag vor allem daran, dass: _____
_____

So bewerte ich die Gesamtsituation: 🐜☐   🐘☐

Diese Leute habe ich gesehen: _____

Und diese hätte ich viel lieber gesehen: _____

Drei Dinge, die mich genervt haben:
1. _____
2. _____
3. _____

So frustriert bin ich: 0% [_____] 100%

Davor fürchte ich mich (ein wenig): _____
_____

Ich fühle mich:

	ja	nein	etwas		ja	nein	etwas
großherzig	☐	☐	☐	elfengleich	☐	☐	☐
kleingeistig	☐	☐	☐	geduldig	☐	☐	☐
leichtgläubig	☐	☐	☐	geliebt	☐	☐	☐
leichtsinnig	☐	☐	☐	freundlich	☐	☐	☐
zaghaft	☐	☐	☐	stark	☐	☐	☐
guter Dinge	☐	☐	☐	_____	☐	☐	☐

Bin ich meinen Zielen näher gekommen? ☐ ja ☐ nein

Inwiefern? _____

Hab ich mich ablenken lassen? ☐ natürlich nicht ☐ minimal

Woron? _____

Das hätte nicht besser laufen können: _____

_____

_____

Drei Dinge, mit denen ich sehr zufrieden bin:

1. _____
2. _____
3. _____

Dieser Tag hat mir ☐ gut ☐ wahnsinnig gut gefallen, weil

_____

_____

_____

Datum: _____   Uhrzeit: _____

☁️

Ich fühle mich:

	ja	nein	etwas			ja	nein	etwas
zweifelnd	☐	☐	☐	sentimental		☐	☐	☐
ruhig	☐	☐	☐	intelligent		☐	☐	☐
erschlagen	☐	☐	☐	rastlos		☐	☐	☐
verlogen	☐	☐	☐	platt		☐	☐	☐
zerknirscht	☐	☐	☐	widerborstig		☐	☐	☐
überrascht	☐	☐	☐	_____		☐	☐	☐

Schon nachdem ich aufgestanden bin, war ich genervt von _____

_____. Mittags habe ich leider _____

_____ und abends war ich

dann froh, dass _____

Sonst noch was? _____

_____

_____

_____

Wie gut bin ich heute gescheitert?
☐ perfekt ☐ annehmbar ☐ fulminant ☐ _____

Wovor hab ich Angst und warum? _____

_____

_____

So viele Flausen hab ich heute im Kopf:

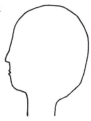

Damit hab ich meine Zeit verbracht:
Essen: ___ Stunden   Glücklich sein: ___ Stunden
Schlafen: ___ Stunden   Faulenzen: ___ Stunden
Lesen: ___ Stunden   _____: ___ Stunden

Ich habe heute nicht nur _____
_____
_____, sondern ich habe auch _____
_____

Darauf bin ich ☐ sehr ☐ ein bisschen stolz

Hans im Glück ___%, Pechmarie ___%

Das hat mich zum Lachen gebracht: _____
_____

Dieser Tag war mein Freund, weil _____
_____
_____
_____

Datum: _____   Uhrzeit: _____

So sieht die Laus aus, die mir
über die Leber gelaufen ist:

Das ging heute schief: _____
_____
_____

Trotzdem aus Versehen gelacht? ☐ mal
Worüber? _____
_____

Damit hab ich ziemlich viel Zeit verplempert: _____

_____

Bereue ich es? ☐ ja ☐ nein

Das ging mir gegen den Strich: _____
_____
_____

Drei Dinge, die ich morgen besser machen könnte:
1. _____
2. _____
3. _____

So fühle ich mich:

	ja	nein	etwas		ja	nein	etwas
niedlich	☐	☐	☐	lebendig	☐	☐	☐
gelassen	☐	☐	☐	vorlaut	☐	☐	☐
extrovertiert	☐	☐	☐	überschwänglich	☐	☐	☐
verdutzt	☐	☐	☐	verdreht	☐	☐	☐
geschwätzig	☐	☐	☐	motiviert	☐	☐	☐
genial	☐	☐	☐	_____	☐	☐	☐

Menschen getroffen: ☐ Stück, Namen: _____

Liebster Gesprächspartner: _____
So viele Menschen hab ich mit meiner guten Laune angesteckt:
☐ Stück, Namen: _____

Das habe ich heute getan, um meinen Zielen näher zu kommen:
_____
_____
_____

Das war sonst noch so los: _____
_____
_____

Ich freue mich auf morgen, ☐ weil ☐ obwohl _____
_____
_____

Datum: _____   Uhrzeit: _____

Ich fühle mich:

	ja	nein	etwas			ja	nein	etwas
ratlos	☐	☐	☐	resigniert		☐	☐	☐
verpennt	☐	☐	☐	verzagt		☐	☐	☐
sachlich	☐	☐	☐	leer		☐	☐	☐
chaotisch	☐	☐	☐	inflexibel		☐	☐	☐
idiotisch	☐	☐	☐	bedrückt		☐	☐	☐
verloren	☐	☐	☐	_____		☐	☐	☐

Das habe ich heute gemacht: _____
_____

Und das hätte ich viel lieber gemacht: _____
_____
_____

Ich hab darüber nachgedacht, ob ich _____
_____ oder besser nicht. Nach reiflicher
Überlegung bin ich zum Entschluss gekommen, dass _____
_____

Sind Zweifel angebracht? ☐ auf jeden Fall! ☐ höchstens kleine
Warum? _____
_____

Schlimmster Tiefpunkt des Tages: _____
_____
_____

So weit bin ich über meinen Schatten gesprungen:

| 1 | 2 | 3 | 4 | 5 | 6 | 7 | 8 | 9 | 10 | 11 |

Ich bin stolz darauf, dass ich _____

_____

Das war zwar nicht so optimal: _____

_____,

aber dafür hat das ganz gut geklappt: _____

_____

Auch das hat mich motiviert: _____

_____

Diese drei Kleinigkeiten haben mir Freude gemacht:
1. _____
2. _____
3. _____

Gelacht: ☐ mal. Worüber? _____

_____

Schönster Höhepunkt des Tages: _____

_____

Datum: _____   Uhrzeit: _____

So voll hab ich die Nase:
(Füllstand einzeichnen)

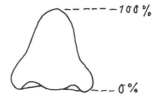

Damit hab ich mich heute abgekämpft: _____
_____
_____

Das ging mir dabei durch den Kopf: _____
_____
_____

Da war der Wurm drin: _____
_____
_____

Wie schwer fällt es mir gerade, positiv zu denken?
☐ sehr schwer ☐ es ist möglich
Warum? _____
_____

Ein bisschen Platz für allgemeines Genörgel: _____
_____
_____
_____

Ich fühle mich:

	ja	nein	etwas		ja	nein	etwas
glücklich	☐	☐	☐	erholt	☐	☐	☐
anständig	☐	☐	☐	zahm	☐	☐	☐
unvergesslich	☐	☐	☐	spendabel	☐	☐	☐
hoffnungsvoll	☐	☐	☐	fleißig	☐	☐	☐
schüchtern	☐	☐	☐	einzigartig	☐	☐	☐
nüchtern	☐	☐	☐	_____	☐	☐	☐

Davon hab ich mich überhaupt nicht stressen lassen: _____
_____
_____

Gute Nachrichten: _____
_____
_____
_____

Ich spiele mit dem Gedanken _____
_____
_____
_____

So zufrieden bin ich: 0% [   ] 100%

Morgen wird ein guter Tag, weil _____
_____
_____
_____

Datum: _____   Uhrzeit: _____

So fühle ich mich:

	ja	nein	etwas		ja	nein	etwas
schrecklich	☐	☐	☐	geizig	☐	☐	☐
verklemmt	☐	☐	☐	hässlich	☐	☐	☐
naiv	☐	☐	☐	dünnhäutig	☐	☐	☐
primitiv	☐	☐	☐	entrückt	☐	☐	☐
herrisch	☐	☐	☐	überflüssig	☐	☐	☐
aufgebracht	☐	☐	☐	verschlossen	☐	☐	☐
geradlinig	☐	☐	☐	hormongesteuert	☐	☐	☐
wortkarg	☐	☐	☐	_____	☐	☐	☐

Das hätte ich gerne anders gemacht: _____
_____
_____

Habe ich meine Ziele zu hoch gesteckt? ☐ ja ☐ nein ☐ etwas
Details: _____
_____

Plagen mich Zweifel? ☐ ja ☐ nein
Welche? _____

Das ist wirklich ☐ ein Drama! ☐ alles halb so wild

So gestresst bin ich: 0% [_____] 100%

Das geht mir auf den Keks: _____
_____

Freude

wie ein
Schneekönig

kaum vorhanden

6   9   12   15   18   21   Uhrzeit

Besser hätte es nicht kommen können. Morgens habe ich _____
_____ ,
danach war ich _____
_____ und abends habe ich _____

Auch in dieser Hinsicht wurden meine Erwartungen übertroffen:
_____
_____

Könnte es noch besser kommen? ☐ ja ☐ nein ☐ vielleicht
Wie? _____

Hat mir jemand eine Freude gemacht? ☐ ja ☐ nein
Wer? Womit? _____
_____
_____

Das wünsche ich mir für ☐ morgen ☐ die Zukunft: _____
_____
_____
_____

Datum: _____   Uhrzeit: _____

Wehwehchen und Zipperlein:
(entsprechende Körperteile markieren)

So viel Zeit hab ich verschwendet mit
Arbeiten: ___ Stunden   Grübeln: ___ Stunden
Essen: ___ Stunden   Hadern: ___ Stunden
Fernsehen: ___ Stunden   _____: ___ Stunden

Wäre ich lieber im Bett geblieben? ☐ ja ☐ nein
Warum? _____
_____

Meine größte Angst ist gerade, dass _____
_____
_____, aber _____
_____

Geweint: ☐ mal. Worüber? _____
_____

Der Aufreger des Tages: _____
_____
_____
_____

Ich fühle mich:

	ja	nein	etwas		ja	nein	etwas
friedlich	☐	☐	☐	still	☐	☐	☐
exotisch	☐	☐	☐	gut	☐	☐	☐
ehrenhaft	☐	☐	☐	lieblich	☐	☐	☐
beeindruckt	☐	☐	☐	phänomenal	☐	☐	☐
fürsorglich	☐	☐	☐	frech	☐	☐	☐
schrill	☐	☐	☐	so lala	☐	☐	☐
verhuscht	☐	☐	☐	entspannt	☐	☐	☐
renitent	☐	☐	☐	_____	☐	☐	☐

Das hat mich ziemlich glücklich gemacht: _____
_____

Und das hat mich zum Lachen gebracht: _____
_____

Hab ich mich selbst überrascht? ☐ ja ☐ nein
Womit? _____
_____

Dafür hätte ich einen Orden verdient: _____
_____
_____

Morgen könnte ich _____
_____
_____

Datum: _____   Uhrzeit: _____

☁️

Ich fühle mich:

	ja	nein	etwas		ja	nein	etwas
schlapp	☐	☐	☐	überheblich	☐	☐	☐
einsam	☐	☐	☐	enttäuscht	☐	☐	☐
gebildet	☐	☐	☐	hässlich	☐	☐	☐
feindselig	☐	☐	☐	langsam	☐	☐	☐
debil	☐	☐	☐	penibel	☐	☐	☐
verbrämt	☐	☐	☐	sensibel	☐	☐	☐
stur	☐	☐	☐	erbost	☐	☐	☐
verschlossen	☐	☐	☐	_____	☐	☐	☐

Damit hatte ich echt Pech: _____

_____

Und das fehlt mir gerade: _____

_____

Ich bin mit der Gesamtsituation ☐ unzufrieden ☐ zufrieden, weil

_____

_____

_____

Möchte ich heute lieber jemand anders sein? ☐ ja ☐ nein
Wenn ja, wer? _____

Nervt mich die gute Laune anderer? ☐ ja ☐ nein
Und wieso? _____

_____

So glücklich bin ich:

Diese Farbe beschreibt meine Laune am besten: _____

Komplimente bekommen? ☐ ja ☐ nein
Wenn ja, wofür? _____

Und jetzt mach ich mir selbst noch welche!
Das hab ich gut gemacht: _____
_____,
und ganz besonders Hut ab für meine _____
_____

Dumm gelaufen: _____
_____
_____,
aber das Gute daran ist _____
_____
_____

Drei besondere Momente des Tages:
1. _____
2. _____
3. _____

Datum: _____   Uhrzeit: _____

Stimmung:

ganz okay

wirklich mies

6   9   12   15   18   21   Uhrzeit

Das hat mir heute gar nicht gut gefallen: _____

_____

_____. Schwamm drüber!

Ich habe _____ so richtig meine Meinung über

_____ gesagt.

Jetzt fühle ich mich ☐ besser ☐ schlechter ☐ genau wie vorher

Ich habe leider nicht mehr geschafft _____

_____, aber morgen hole ich es vermutlich nach.

Das hat mich nachdenklich gestimmt: _____

_____

_____

Verbesserungsvorschläge für ☐ morgen ☐ die Zukunft allgemein:

_____

_____

_____

So fühle ich mich:

	ja	nein	etwas			ja	nein	etwas
kreativ	☐	☐	☐	lustig		☐	☐	☐
zufrieden	☐	☐	☐	frei		☐	☐	☐
geheimnisumwoben	☐	☐	☐	feinsinnig		☐	☐	☐
bombastisch	☐	☐	☐	klug		☐	☐	☐
eingebildet	☐	☐	☐	flatterhaft		☐	☐	☐
schnell	☐	☐	☐	effizient		☐	☐	☐
sexy	☐	☐	☐	verlegen		☐	☐	☐
durchschnittlich	☐	☐	☐	_____		☐	☐	☐

Hab ich mich selbst übertroffen? ☐ ja ☐ nein

Wenn ja, womit? _____

_____

_____

Der schönste Gedanke des Tages: _____

_____

_____

Drei Dinge, die mich glücklich gemacht haben:

1. _____

2. _____

3. _____

Darauf freue ich mich: _____

_____

_____

Datum: _____   Uhrzeit: _____

Ich fühle mich

	ja	nein	etwas		ja	nein	etwas
schlecht	☐	☐	☐	niedergeschlagen	☐	☐	☐
resigniert	☐	☐	☐	aufgebracht	☐	☐	☐
kratzbürstig	☐	☐	☐	verschwiegen	☐	☐	☐
unbefriedigt	☐	☐	☐	gönnerhaft	☐	☐	☐
dekadent	☐	☐	☐	leer	☐	☐	☐
grüblerisch	☐	☐	☐	_____	☐	☐	☐

Das hat mir heute die Laune verhagelt: _____
_____

Ich sehe darin ☐ ein Problem ☐ eine Herausforderung, weil
_____

Die Zukunft sehe ich gerade
☐ schwarz ☐ weiß ☐ in vielen schillernden Grautönen

Wäre ich gerade lieber woanders? ☐ ja ☐ nein
Wenn ja, wo und warum? _____

Nervigster Gesprächspartner: _____

Die Enttäuschung des Tages: _____
_____
_____
_____

Da schwimm ich auf der Welle des Erfolgs:

Das war ziemlich gut: _____
_____

Das leider weniger: _____
_____, aber das macht nichts.

Hab ich mich selbst belohnt? ☐ ja ☐ nein
Wenn ja, womit und wofür? _____
_____

Wenn nein, warum nicht? _____

So erholt bin ich: 0% [   ] 100%

Das habe ich genossen: _____
_____
_____

Guter Vorsatz für morgen: _____
_____

Datum: _____   Uhrzeit: _____

So viele Haare waren in
der Suppe:

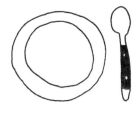

Das hat mir richtig schlechte Laune gemacht: _____

Das lag vor allem daran, dass: _____
_____

So bewerte ich die Gesamtsituation: ⚬☐   🐘☐

Diese Leute habe ich gesehen: _____

Und diese hätte ich viel lieber gesehen: _____

Drei Dinge, die mich genervt haben:
1. _____
2. _____
3. _____

So frustriert bin ich: 0% [   ] 100%

Davor fürchte ich mich (ein wenig): _____
_____

Ich fühle mich:

	ja	nein	etwas		ja	nein	etwas
großherzig	☐	☐	☐	elfengleich	☐	☐	☐
kleingeistig	☐	☐	☐	geduldig	☐	☐	☐
leichtgläubig	☐	☐	☐	geliebt	☐	☐	☐
leichtsinnig	☐	☐	☐	freundlich	☐	☐	☐
zaghaft	☐	☐	☐	stark	☐	☐	☐
guter Dinge	☐	☐	☐	_____	☐	☐	☐

Bin ich meinen Zielen näher gekommen? ☐ ja ☐ nein
Inwiefern? _____

_____

Hab ich mich ablenken lassen? ☐ natürlich nicht ☐ minimal
Woron? _____

Das hätte nicht besser laufen können: _____

_____

_____

Drei Dinge, mit denen ich sehr zufrieden bin:
1. _____
2. _____
3. _____

Dieser Tag hat mir ☐ gut ☐ wahnsinnig gut gefallen, weil

_____

_____

_____

Datum: _____   Uhrzeit: _____

☁☔
🌧🌧🌧

Ich fühle mich:

	ja	nein	etwas			ja	nein	etwas
zweifelnd	☐	☐	☐	sentimental		☐	☐	☐
ruhig	☐	☐	☐	intelligent		☐	☐	☐
erschlagen	☐	☐	☐	rastlos		☐	☐	☐
verlogen	☐	☐	☐	platt		☐	☐	☐
zerknirscht	☐	☐	☐	widerborstig		☐	☐	☐
überrascht	☐	☐	☐	_____		☐	☐	☐

Schon nachdem ich aufgestanden bin, war ich genervt von _____

_____. Mittags habe ich leider _____

_____ und abends war ich

dann froh, dass _____

_____

Sonst noch was? _____

_____

_____

_____

Wie gut bin ich heute gescheitert?
☐ perfekt   ☐ annehmbar   ☐ fulminant   ☐ _____

Wovor hab ich Angst und warum? _____

_____

_____

So viele Flausen hab ich heute im Kopf:

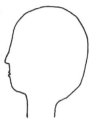

Damit hab ich meine Zeit verbracht:
Essen: ___ Stunden   Glücklich sein: ___ Stunden
Schlafen: ___ Stunden   Faulenzen: ___ Stunden
Lesen: ___ Stunden   _____: ___ Stunden

Ich habe heute nicht nur _____

_____ , sondern ich habe auch _____

Darauf bin ich ☐ sehr ☐ ein bisschen stolz

Hans im Glück ___%, Pechmarie ___%

Das hat mich zum Lachen gebracht: _____
_____

Dieser Tag war mein Freund, weil _____
_____
_____
_____

Datum: _____   Uhrzeit: _____

So sieht die Laus aus, die mir
über die Leber gelaufen ist:

♩♩   ♩♩

Das ging heute schief: _____
_____
_____

Trotzdem aus Versehen gelacht? ☐ mal
Worüber? _____
_____

Damit hab ich ziemlich viel Zeit verplempert: _____
_____
_____

Bereue ich es? ☐ ja ☐ nein

Das ging mir gegen den Strich: _____
_____
_____

Drei Dinge, die ich morgen besser machen könnte:
1. _____
2. _____
3. _____

So fühle ich mich:

	ja	nein	etwas		ja	nein	etwas
niedlich	☐	☐	☐	lebendig	☐	☐	☐
gelassen	☐	☐	☐	vorlaut	☐	☐	☐
extrovertiert	☐	☐	☐	überschwänglich	☐	☐	☐
verdutzt	☐	☐	☐	verdreht	☐	☐	☐
geschwätzig	☐	☐	☐	motiviert	☐	☐	☐
genial	☐	☐	☐	_____	☐	☐	☐

Menschen getroffen: ☐ Stück, Namen: _____

_____

Liebster Gesprächspartner: _____
So viele Menschen hab ich mit meiner guten Laune angesteckt:
☐ Stück, Namen: _____

Das habe ich heute getan, um meinen Zielen näher zu kommen:

_____

_____

_____

Das war sonst noch so los: _____

_____

_____

Ich freue mich auf morgen, ☐ weil ☐ obwohl _____

_____

_____

_____

Datum: _____   Uhrzeit: _____

🌧️

Ich fühle mich:

	ja	nein	etwas			ja	nein	etwas
ratlos	☐	☐	☐	resigniert		☐	☐	☐
verpennt	☐	☐	☐	verzagt		☐	☐	☐
sachlich	☐	☐	☐	leer		☐	☐	☐
chaotisch	☐	☐	☐	unflexibel		☐	☐	☐
idiotisch	☐	☐	☐	bedrückt		☐	☐	☐
verloren	☐	☐	☐	_____		☐	☐	☐

Das habe ich heute gemacht: _____
_____

Und das hätte ich viel lieber gemacht: _____
_____
_____

Ich hab darüber nachgedacht, ob ich _____

_____ oder besser nicht. Nach reiflicher
Überlegung bin ich zum Entschluss gekommen, dass _____
_____

Sind Zweifel angebracht? ☐ auf jeden Fall! ☐ höchstens kleine
Warum? _____
_____

Schlimmster Tiefpunkt des Tages: _____
_____
_____

So weit bin ich über meinen Schatten gesprungen:

| 1 2 3 4 5 6 7 8 9 10 11 |

Ich bin stolz darauf, dass ich _____

Das war zwar nicht so optimal: _____

_____ ,

aber dafür hat das ganz gut geklappt: _____

_____

Auch das hat mich motiviert: _____

_____

Diese drei Kleinigkeiten haben mir Freude gemacht:
1. _____
2. _____
3. _____

Gelacht: ☐ mal. Worüber? _____

_____

Schönster Höhepunkt des Tages: _____

_____

_____

Datum: _____   Uhrzeit: _____

So voll hab ich die Nase:
(Füllstand einzeichnen)

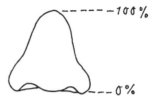

– – – – – 100 %

– – – 0 %

Damit hab ich mich heute abgekämpft: _____
_____
_____

Das ging mir dabei durch den Kopf: _____
_____
_____

Da war der Wurm drin: _____
_____
_____

Wie schwer fällt es mir gerade, positiv zu denken?
☐ sehr schwer ☐ es ist möglich
Warum? _____
_____

Ein bisschen Platz für allgemeines Genörgel: _____
_____
_____
_____

Ich fühle mich:

	ja	nein	etwas		ja	nein	etwas
glücklich	☐	☐	☐	erholt	☐	☐	☐
anständig	☐	☐	☐	zahm	☐	☐	☐
unvergesslich	☐	☐	☐	spendabel	☐	☐	☐
hoffnungsvoll	☐	☐	☐	fleißig	☐	☐	☐
schüchtern	☐	☐	☐	einzigartig	☐	☐	☐
nüchtern	☐	☐	☐	_____	☐	☐	☐

Davon hab ich mich überhaupt nicht stressen lassen: _____
_____

Gute Nachrichten: _____
_____
_____
_____

Ich spiele mit dem Gedanken _____
_____
_____

So zufrieden bin ich: 0% [   ] 100%

Morgen wird ein guter Tag, weil _____
_____
_____
_____

Datum: _____   Uhrzeit: _____

So fühle ich mich:

	ja	nein	etwas			ja	nein	etwas
schrecklich	☐	☐	☐	geizig		☐	☐	☐
verklemmt	☐	☐	☐	hässlich		☐	☐	☐
naiv	☐	☐	☐	dünnhäutig		☐	☐	☐
primitiv	☐	☐	☐	entrückt		☐	☐	☐
herrisch	☐	☐	☐	überflüssig		☐	☐	☐
aufgebracht	☐	☐	☐	verschlossen		☐	☐	☐
geradlinig	☐	☐	☐	hormongesteuert		☐	☐	☐
wortkarg	☐	☐	☐	_____		☐	☐	☐

Das hätte ich gerne anders gemacht: _____

_____

_____

Habe ich meine Ziele zu hoch gesteckt? ☐ ja ☐ nein ☐ etwas
Details: _____

_____

Plagen mich Zweifel? ☐ ja ☐ nein
Welche? _____

_____

Das ist wirklich ☐ ein Drama! ☐ alles halb so wild

So gestresst bin ich: 0% [_____] 100%

Das geht mir auf den Keks: _____

_____

Freude

wie ein
Schneekönig

kaum vorhanden

6   9   12   15   18   21   Uhrzeit

Besser hätte es nicht kommen können. Morgens habe ich _____
_____,
danach war ich _____
_____ und abends habe ich _____

Auch in dieser Hinsicht wurden meine Erwartungen übertroffen:
_____
_____

Könnte es noch besser kommen? ☐ ja ☐ nein ☐ vielleicht
Wie? _____
_____

Hat mir jemand eine Freude gemacht? ☐ ja ☐ nein
Wer? Womit? _____
_____
_____

Das wünsche ich mir für ☐ morgen ☐ die Zukunft: _____
_____
_____
_____

Datum: _____   Uhrzeit: _____

Wehwehchen und Zipperlein:
(entsprechende Körperteile markieren)

So viel Zeit hab ich verschwendet mit
Arbeiten: ___ Stunden   Grübeln: ___ Stunden
Essen: ___ Stunden   Hadern: ___ Stunden
Fernsehen: ___ Stunden   _____: ___ Stunden

Wäre ich lieber im Bett geblieben? ☐ ja ☐ nein
Warum? _____
_____

Meine größte Angst ist gerade, dass _____
_____
_____, aber_____
_____

Geweint: ☐ mal. Worüber? _____
_____

Der Aufreger des Tages: _____
_____
_____
_____

Ich fühle mich:

	ja	nein	etwas			ja	nein	etwas
friedlich	☐	☐	☐	still		☐	☐	☐
exotisch	☐	☐	☐	gut		☐	☐	☐
ehrenhaft	☐	☐	☐	lieblich		☐	☐	☐
beeindruckt	☐	☐	☐	phänomenal		☐	☐	☐
fürsorglich	☐	☐	☐	frech		☐	☐	☐
schrill	☐	☐	☐	so lala		☐	☐	☐
verhuscht	☐	☐	☐	entspannt		☐	☐	☐
renitent	☐	☐	☐	_____		☐	☐	☐

Das hat mich ziemlich glücklich gemacht: _____

_____

Und das hat mich zum Lachen gebracht: _____

_____

Hab ich mich selbst überrascht? ☐ ja ☐ nein
Womit? _____

_____

Dafür hätte ich einen Orden verdient: _____

_____

_____

Morgen könnte ich _____

_____

_____

Datum: _____   Uhrzeit: _____

☁️

Ich fühle mich:

	ja	nein	etwas		ja	nein	etwas
schlapp	☐	☐	☐	überheblich	☐	☐	☐
einsam	☐	☐	☐	enttäuscht	☐	☐	☐
gebildet	☐	☐	☐	hässlich	☐	☐	☐
feindselig	☐	☐	☐	langsam	☐	☐	☐
debil	☐	☐	☐	penibel	☐	☐	☐
verbrämt	☐	☐	☐	sensibel	☐	☐	☐
stur	☐	☐	☐	erbost	☐	☐	☐
verschlossen	☐	☐	☐	_____	☐	☐	☐

Damit hatte ich echt Pech: _____
_____

Und das fehlt mir gerade: _____
_____

Ich bin mit der Gesamtsituation ☐ unzufrieden ☐ zufrieden, weil
_____
_____
_____

Möchte ich heute lieber jemand anders sein? ☐ ja ☐ nein
Wenn ja, wer? _____

Nervt mich die gute Laune anderer? ☐ ja ☐ nein
Und wieso? _____
_____

So glücklich bin ich:

Diese Farbe beschreibt meine Laune am besten: _____

Komplimente bekommen? ☐ ja ☐ nein
Wenn ja, wofür? _____
_____
Und jetzt mach ich mir selbst noch welche!
Das hab ich gut gemacht: _____
_____,
und ganz besonders Hut ab für meine _____
_____

Dumm gelaufen: _____
_____
_____,
aber das Gute daran ist _____
_____
_____

Drei besondere Momente des Tages:
1. _____
2. _____
3. _____

Datum: _____   Uhrzeit: _____

☁️

Stimmung:
ganz okay

wirklich mies

6   9   12   15   18   21   Uhrzeit

Das hat mir heute gar nicht gut gefallen: _____

_____

_____. Schwamm drüber!

Ich habe _____ so richtig meine Meinung über

_____ gesagt.

Jetzt fühle ich mich ☐ besser ☐ schlechter ☐ genau wie vorher

Ich habe leider nicht mehr geschafft _____

_____ , aber morgen hole ich es vermutlich nach.

Das hat mich nachdenklich gestimmt: _____

_____

_____

Verbesserungsvorschläge für ☐ morgen ☐ die Zukunft allgemein:

_____

_____

_____

So fühle ich mich:

	ja	nein	etwas			ja	nein	etwas
kreativ	☐	☐	☐	lustig		☐	☐	☐
zufrieden	☐	☐	☐	frei		☐	☐	☐
geheimnisumwoben	☐	☐	☐	feinsinnig		☐	☐	☐
bombastisch	☐	☐	☐	klug		☐	☐	☐
eingebildet	☐	☐	☐	flatterhaft		☐	☐	☐
schnell	☐	☐	☐	effizient		☐	☐	☐
sexy	☐	☐	☐	verlegen		☐	☐	☐
durchschnittlich	☐	☐	☐	_____		☐	☐	☐

Hab ich mich selbst übertroffen? ☐ ja ☐ nein

Wenn ja, womit? _____

_____

_____

Der schönste Gedanke des Tages: _____

_____

_____

Drei Dinge, die mich glücklich gemacht haben:

1. _____

2. _____

3. _____

Darauf freue ich mich: _____

_____

_____

Datum: _____   Uhrzeit: _____

☁️

Ich fühle mich

	ja	nein	etwas		ja	nein	etwas
schlecht	☐	☐	☐	niedergeschlagen	☐	☐	☐
resigniert	☐	☐	☐	aufgebracht	☐	☐	☐
kratzbürstig	☐	☐	☐	verschwiegen	☐	☐	☐
unbefriedigt	☐	☐	☐	gönnerhaft	☐	☐	☐
dekadent	☐	☐	☐	leer	☐	☐	☐
grüblerisch	☐	☐	☐	_____	☐	☐	☐

Das hat mir heute die Laune verhagelt: _____

_____

Ich sehe darin ☐ ein Problem ☐ eine Herausforderung, weil

_____

Die Zukunft sehe ich gerade
☐ schwarz ☐ weiß ☐ in vielen schillernden Grautönen

Wäre ich gerade lieber woanders? ☐ ja ☐ nein
Wenn ja, wo und warum? _____

_____

Nervigster Gesprächspartner: _____

Die Enttäuschung des Tages: _____

_____

_____

_____

Da schwimm ich auf der Welle des Erfolgs:

Das war ziemlich gut: _____
_____

Das leider weniger: _____
_____, aber das macht nichts.

Hab ich mich selbst belohnt? ☐ ja ☐ nein
Wenn ja, womit und wofür? _____
_____

Wenn nein, warum nicht? _____
_____

So erholt bin ich: 0% ⬜⬜⬜⬜⬜⬜⬜ 100%

Das habe ich genossen: _____
_____
_____

Guter Vorsatz für morgen: _____
_____

Datum: _____   Uhrzeit: _____

So viele Haare waren in
der Suppe:

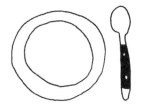

Das hat mir richtig schlechte Laune gemacht: _____

Das lag vor allem daran, dass: _____
_____

So bewerte ich die Gesamtsituation: 🎥 ☐   🐘 ☐

Diese Leute habe ich gesehen: _____

Und diese hätte ich viel lieber gesehen: _____
_____

Drei Dinge, die mich genervt haben:
1. _____
2. _____
3. _____

So frustriert bin ich: 0% [_____] 100%

Davor fürchte ich mich (ein wenig): _____
_____

Ich fühle mich:

	ja	nein	etwas		ja	nein	etwas
großherzig	☐	☐	☐	elfengleich	☐	☐	☐
kleingeistig	☐	☐	☐	geduldig	☐	☐	☐
leichtgläubig	☐	☐	☐	geliebt	☐	☐	☐
leichtsinnig	☐	☐	☐	freundlich	☐	☐	☐
zaghaft	☐	☐	☐	stark	☐	☐	☐
guter Dinge	☐	☐	☐	_____	☐	☐	☐

Bin ich meinen Zielen näher gekommen? ☐ ja ☐ nein
Inwiefern? _____

Hab ich mich ablenken lassen? ☐ natürlich nicht ☐ minimal
Woron? _____

Das hätte nicht besser laufen können: _____
_____
_____

Drei Dinge, mit denen ich sehr zufrieden bin:
1. _____
2. _____
3. _____

Dieser Tag hat mir ☐ gut ☐ wahnsinnig gut gefallen, weil
_____
_____
_____

Datum: _____   Uhrzeit: _____

☁️

Ich fühle mich:

	ja	nein	etwas		ja	nein	etwas
zweifelnd	☐	☐	☐	sentimental	☐	☐	☐
ruhig	☐	☐	☐	intelligent	☐	☐	☐
erschlagen	☐	☐	☐	rastlos	☐	☐	☐
verlogen	☐	☐	☐	platt	☐	☐	☐
zerknirscht	☐	☐	☐	widerborstig	☐	☐	☐
überrascht	☐	☐	☐	_____	☐	☐	☐

Schon nachdem ich aufgestanden bin, war ich genervt von _____
_____
_____. Mittags habe ich leider _____
_____
_____ und abends war ich
dann froh, dass _____
_____

Sonst noch was? _____
_____
_____
_____

Wie gut bin ich heute gescheitert?
☐ perfekt ☐ annehmbar ☐ fulminant ☐ _____

Wovor hab ich Angst und warum? _____
_____
_____

So viele Flausen hab ich heute im Kopf:

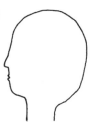

Damit hab ich meine Zeit verbracht:

Essen: ___ Stunden   Glücklich sein: ___ Stunden
Schlafen: ___ Stunden   Faulenzen: ___ Stunden
Lesen: ___ Stunden   _____: ___ Stunden

Ich habe heute nicht nur _____

_____

_____, sondern ich habe auch _____

_____

Darauf bin ich ☐ sehr ☐ ein bisschen stolz

Hans im Glück ___%, Pechmarie___%

Das hat mich zum Lachen gebracht: _____

_____

Dieser Tag war mein Freund, weil _____

_____

_____

_____

Dummes Zeug, das ich gerne überhört hätte
(Platz für überflüssige Bemerkungen, Beschimpfungen & dergleichen)

Das ging runter wie Öl!
(Platz für Komplimente, Lobhudeleien, Kosenamen,...)

Datum: _____   Uhrzeit: _____

☁️

So sieht die Laus aus, die mir
über die Leber gelaufen ist:

♩ ♩   ♩ ♩

Das ging heute schief: _____
_____
_____

Trotzdem aus Versehen gelacht? ☐ mal
Worüber? _____
_____

Damit hab ich ziemlich viel Zeit verplempert: _____
_____

Bereue ich es? ☐ ja ☐ nein

Das ging mir gegen den Strich: _____
_____
_____

Drei Dinge, die ich morgen besser machen könnte:
1. _____
2. _____
3. _____

So fühle ich mich:

	ja	nein	etwas		ja	nein	etwas
niedlich	☐	☐	☐	lebendig	☐	☐	☐
gelassen	☐	☐	☐	vorlaut	☐	☐	☐
extrovertiert	☐	☐	☐	überschwänglich	☐	☐	☐
verdutzt	☐	☐	☐	verdreht	☐	☐	☐
geschwätzig	☐	☐	☐	motiviert	☐	☐	☐
genial	☐	☐	☐	_____	☐	☐	☐

Menschen getroffen: ☐ Stück, Namen: _____

_____

Liebster Gesprächspartner: _____

So viele Menschen hab ich mit meiner guten Laune angesteckt:

☐ Stück, Namen: _____

Das habe ich heute getan, um meinen Zielen näher zu kommen:

_____

_____

_____

Das war sonst noch so los: _____

_____

_____

Ich freue mich auf morgen, ☐ weil ☐ obwohl _____

_____

_____

_____

Datum: _____ Uhrzeit: _____

Ich fühle mich:

	ja	nein	etwas		ja	nein	etwas
ratlos	☐	☐	☐	resigniert	☐	☐	☐
verpennt	☐	☐	☐	verzagt	☐	☐	☐
sachlich	☐	☐	☐	leer	☐	☐	☐
chaotisch	☐	☐	☐	unflexibel	☐	☐	☐
idiotisch	☐	☐	☐	bedrückt	☐	☐	☐
verloren	☐	☐	☐	_____	☐	☐	☐

Das habe ich heute gemacht: _____

Und das hätte ich viel lieber gemacht: _____

_____

Ich hab darüber nachgedacht, ob ich _____

_____

_____ oder besser nicht. Nach reiflicher

Überlegung bin ich zum Entschluss gekommen, dass _____

_____

Sind Zweifel angebracht? ☐ auf jeden Fall! ☐ höchstens kleine
Warum? _____

Schlimmster Tiefpunkt des Tages: _____

_____

_____

So weit bin ich über meinen Schatten gesprungen:

1 2 3 4 5 6 7 8 9 10 11

Ich bin stolz darauf, dass ich _____

_____

Das war zwar nicht so optimal: _____

_____ ,

aber dafür hat das ganz gut geklappt: _____

_____

Auch das hat mich motiviert: _____

_____

Diese drei Kleinigkeiten haben mir Freude gemacht:

1. _____

2. _____

3. _____

Gelacht: ☐ mal. Worüber? _____

_____

Schönster Höhepunkt des Tages: _____

_____

_____

Datum: _____   Uhrzeit: _____

So voll hab ich die Nase:
(Füllstand einzeichnen)

$- - - - - 100\%$

$- - 0\%$

Damit hab ich mich heute abgekämpft: _____
_____
_____

Das ging mir dabei durch den Kopf: _____
_____
_____

Da war der Wurm drin: _____
_____
_____

Wie schwer fällt es mir gerade, positiv zu denken?
☐ sehr schwer   ☐ es ist möglich
Warum? _____
_____

Ein bisschen Platz für allgemeines Genörgel: _____
_____
_____
_____
_____

Ich fühle mich:

	ja	nein	etwas		ja	nein	etwas
glücklich	☐	☐	☐	erholt	☐	☐	☐
anständig	☐	☐	☐	zahm	☐	☐	☐
unvergesslich	☐	☐	☐	spendabel	☐	☐	☐
hoffnungsvoll	☐	☐	☐	fleißig	☐	☐	☐
schüchtern	☐	☐	☐	einzigartig	☐	☐	☐
nüchtern	☐	☐	☐	_____	☐	☐	☐

Davon hab ich mich überhaupt nicht stressen lassen: _____

_____

_____

Gute Nachrichten: _____

_____

_____

_____

Ich spiele mit dem Gedanken _____

_____

_____

So zufrieden bin ich: 0% [_____] 100 %

Morgen wird ein guter Tag, weil _____

_____

_____

_____

Datum: _____   Uhrzeit: _____

So fühle ich mich:

	ja	nein	etwas			ja	nein	etwas
schrecklich	☐	☐	☐	geizig		☐	☐	☐
verklemmt	☐	☐	☐	hässlich		☐	☐	☐
naiv	☐	☐	☐	dünnhäutig		☐	☐	☐
primitiv	☐	☐	☐	entrückt		☐	☐	☐
herrisch	☐	☐	☐	überflüssig		☐	☐	☐
aufgebracht	☐	☐	☐	verschlossen		☐	☐	☐
geradlinig	☐	☐	☐	hormongesteuert		☐	☐	☐
wortkarg	☐	☐	☐	_____		☐	☐	☐

Das hätte ich gerne anders gemacht: _____
_____
_____

Habe ich meine Ziele zu hoch gesteckt? ☐ ja ☐ nein ☐ etwas
Details: _____
_____

Plagen mich Zweifel? ☐ ja ☐ nein
Welche? _____

Das ist wirklich ☐ ein Drama! ☐ alles halb so wild

So gestresst bin ich: 0% [_____] 100%

Das geht mir auf den Keks: _____
_____

Freude
wie ein
Schneekönig

kaum vorhanden

6   9   12   15   18   21   Uhrzeit

Besser hätte es nicht kommen können. Morgens habe ich _____
_____,
danach war ich _____
_____ und abends habe ich _____

Auch in dieser Hinsicht wurden meine Erwartungen übertroffen:
_____
_____

Könnte es noch besser kommen? ☐ ja ☐ nein ☐ vielleicht
Wie? _____
_____

Hat mir jemand eine Freude gemacht? ☐ ja ☐ nein
Wer? Womit? _____
_____
_____

Das wünsche ich mir für ☐ morgen ☐ die Zukunft: _____
_____
_____
_____

Datum: _____   Uhrzeit: _____

☁️💧💧💧

Wehwehchen und Zipperlein:
(entsprechende Körperteile markieren)

So viel Zeit hab ich verschwendet mit
Arbeiten: ___ Stunden   Grübeln: ___ Stunden
Essen: ___ Stunden   Hadern: ___ Stunden
Fernsehen: ___ Stunden   _____: ___ Stunden

Wäre ich lieber im Bett geblieben? ☐ ja ☐ nein
Warum? _____
_____

Meine größte Angst ist gerade, dass _____
_____
_____, aber_____
_____

Geweint: ☐ mal. Worüber? _____
_____

Der Aufreger des Tages: _____
_____
_____
_____

Ich fühle mich:

	ja	nein	etwas			ja	nein	etwas
friedlich	☐	☐	☐	still		☐	☐	☐
exotisch	☐	☐	☐	gut		☐	☐	☐
ehrenhaft	☐	☐	☐	lieblich		☐	☐	☐
beeindruckt	☐	☐	☐	phänomenal		☐	☐	☐
fürsorglich	☐	☐	☐	frech		☐	☐	☐
schrill	☐	☐	☐	so lala		☐	☐	☐
verhuscht	☐	☐	☐	entspannt		☐	☐	☐
renitent	☐	☐	☐	_____		☐	☐	☐

Das hat mich ziemlich glücklich gemacht: _____
_____

Und das hat mich zum Lachen gebracht: _____
_____

Hab ich mich selbst überrascht? ☐ ja ☐ nein
Womit? _____
_____

Dafür hätte ich einen Orden verdient: _____
_____
_____

Morgen könnte ich _____
_____
_____

Datum: _____   Uhrzeit: _____

☁️

Ich fühle mich:

	ja	nein	etwas			ja	nein	etwas
schlapp	☐	☐	☐	überheblich		☐	☐	☐
einsam	☐	☐	☐	enttäuscht		☐	☐	☐
gebildet	☐	☐	☐	hässlich		☐	☐	☐
feindselig	☐	☐	☐	langsam		☐	☐	☐
debil	☐	☐	☐	penibel		☐	☐	☐
verbrämt	☐	☐	☐	sensibel		☐	☐	☐
stur	☐	☐	☐	erbost		☐	☐	☐
verschlossen	☐	☐	☐	_____		☐	☐	☐

Damit hatte ich echt Pech: _____

_____

Und das fehlt mir gerade: _____

_____

Ich bin mit der Gesamtsituation ☐ unzufrieden ☐ zufrieden, weil

_____

_____

_____

Möchte ich heute lieber jemand anders sein? ☐ ja ☐ nein
Wenn ja, wer? _____

Nervt mich die gute Laune anderer? ☐ ja ☐ nein
Und wieso? _____

_____

So glücklich bin ich:

Diese Farbe beschreibt meine Laune am besten: _____

Komplimente bekommen? ☐ ja ☐ nein
Wenn ja, wofür? _____

_____

Und jetzt mach ich mir selbst noch welche!
Das hab ich gut gemacht: _____

_____ ,

und ganz besonders Hut ab für meine _____

_____

Dumm gelaufen: _____

_____

_____ ,

aber das Gute daran ist _____

_____

_____

Drei besondere Momente des Tages:
1. _____
2. _____
3. _____

Datum: _____   Uhrzeit: _____

☁️

Stimmung:

↑

ganz okay

wirklich mies └──┼────┼────┼────┼────┼────┼──→ Uhrzeit
                  6   9   12   15   18   21

Das hat mir heute gar nicht gut gefallen: _____

_____

_____. Schwamm drüber!

Ich habe _____ so richtig meine Meinung über

_____

_____ gesagt.

Jetzt fühle ich mich ☐ besser ☐ schlechter ☐ genau wie vorher

Ich habe leider nicht mehr geschafft _____

_____

_____, aber morgen hole ich es vermutlich nach.

Das hat mich nachdenklich gestimmt: _____

_____

_____

Verbesserungsvorschläge für ☐ morgen ☐ die Zukunft allgemein:

_____

_____

_____

So fühle ich mich:

	ja	nein	etwas		ja	nein	etwas
kreativ	☐	☐	☐	lustig	☐	☐	☐
zufrieden	☐	☐	☐	frei	☐	☐	☐
geheimnisumwoben	☐	☐	☐	feinsinnig	☐	☐	☐
bombastisch	☐	☐	☐	klug	☐	☐	☐
eingebildet	☐	☐	☐	flatterhaft	☐	☐	☐
schnell	☐	☐	☐	effizient	☐	☐	☐
sexy	☐	☐	☐	verlegen	☐	☐	☐
durchschnittlich	☐	☐	☐	_____	☐	☐	☐

Hab ich mich selbst übertroffen? ☐ ja ☐ nein

Wenn ja, womit? _____

_____

_____

Der schönste Gedanke des Tages: _____

_____

_____

Drei Dinge, die mich glücklich gemacht haben:

1. _____

2. _____

3. _____

Darauf freue ich mich: _____

_____

_____

Datum: _____   Uhrzeit: _____

🌧️

Ich fühle mich

	ja	nein	etwas		ja	nein	etwas
schlecht	☐	☐	☐	niedergeschlagen	☐	☐	☐
resigniert	☐	☐	☐	aufgebracht	☐	☐	☐
kratzbürstig	☐	☐	☐	verschwiegen	☐	☐	☐
unbefriedigt	☐	☐	☐	gönnerhaft	☐	☐	☐
dekadent	☐	☐	☐	leer	☐	☐	☐
grüblerisch	☐	☐	☐	_____	☐	☐	☐

Das hat mir heute die Laune verhagelt: _____
_____

Ich sehe darin ☐ ein Problem ☐ eine Herausforderung, weil
_____

Die Zukunft sehe ich gerade
☐ schwarz ☐ weiß ☐ in vielen schillernden Grautönen

Wäre ich gerade lieber woanders? ☐ ja ☐ nein
Wenn ja, wo und warum? _____
_____

Nervigster Gesprächspartner: _____

Die Enttäuschung des Tages: _____
_____
_____
_____

Da schwimm ich auf der Welle des Erfolgs:

Das war ziemlich gut: _____
_____

Das leider weniger: _____
_____, aber das macht nichts.

Hab ich mich selbst belohnt? ☐ ja ☐ nein
Wenn ja, womit und wofür? _____

Wenn nein, warum nicht? _____

So erholt bin ich: 0% [_____] 100%

Das habe ich genossen: _____
_____
_____

Guter Vorsatz für morgen: _____
_____

Datum: _____ Uhrzeit: _____

So viele Haare waren in
der Suppe:

Das hat mir richtig schlechte Laune gemacht: _____

Das lag vor allem daran, dass: _____
_____

So bewerte ich die Gesamtsituation: 🐭☐ 🐘☐

Diese Leute habe ich gesehen: _____

Und diese hätte ich viel lieber gesehen: _____

Drei Dinge, die mich genervt haben:
1. _____
2. _____
3. _____

So frustriert bin ich: 0% [_____] 100%

Davor fürchte ich mich (ein wenig): _____
_____

Ich fühle mich:

	ja	nein	etwas		ja	nein	etwas
großherzig	☐	☐	☐	elfengleich	☐	☐	☐
kleingeistig	☐	☐	☐	geduldig	☐	☐	☐
leichtgläubig	☐	☐	☐	geliebt	☐	☐	☐
leichtsinnig	☐	☐	☐	freundlich	☐	☐	☐
zaghaft	☐	☐	☐	stark	☐	☐	☐
guter Dinge	☐	☐	☐	_____	☐	☐	☐

Bin ich meinen Zielen näher gekommen? ☐ja ☐nein
Inwiefern? _____

_____
Hab ich mich ablenken lassen? ☐natürlich nicht ☐minimal
Woran? _____

_____
Das hätte nicht besser laufen können: _____
_____
_____

Drei Dinge, mit denen ich sehr zufrieden bin:
1. _____
2. _____
3. _____

Dieser Tag hat mir ☐gut ☐wahnsinnig gut gefallen, weil
_____
_____
_____

Datum: _____   Uhrzeit: _____

Ich fühle mich:

	ja	nein	etwas		ja	nein	etwas
zweifelnd	☐	☐	☐	sentimental	☐	☐	☐
ruhig	☐	☐	☐	intelligent	☐	☐	☐
erschlagen	☐	☐	☐	rastlos	☐	☐	☐
verlogen	☐	☐	☐	platt	☐	☐	☐
zerknirscht	☐	☐	☐	widerborstig	☐	☐	☐
überrascht	☐	☐	☐	_____	☐	☐	☐

Schon nachdem ich aufgestanden bin, war ich genervt von _____
_____
_____. Mittags habe ich leider _____
_____ und abends war ich
dann froh, dass _____
_____

Sonst noch was? _____
_____
_____
_____

Wie gut bin ich heute gescheitert?
☐ perfekt   ☐ annehmbar   ☐ fulminant   ☐ _____

Wovor hab ich Angst und warum? _____
_____
_____

So viele Flausen hab ich heute im Kopf:

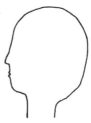

Damit hab ich meine Zeit verbracht:
Essen: ___ Stunden   Glücklich sein: ___ Stunden
Schlafen: ___ Stunden   Faulenzen: ___ Stunden
Lesen: ___ Stunden   _____: ___ Stunden

Ich habe heute nicht nur _____

_____, sondern ich habe auch _____

_____

Darauf bin ich ☐ sehr ☐ ein bisschen stolz

Hans im Glück ___ %, Pechmarie ___ %

Das hat mich zum Lachen gebracht: _____

_____

Dieser Tag war mein Freund, weil _____

_____

_____

_____

So war mein Jahr / Abschlussbericht

	gut	mittel	schlecht
Januar	☐	☐	☐
Februar	☐	☐	☐
März	☐	☐	☐
April	☐	☐	☐
Mai	☐	☐	☐
Juni	☐	☐	☐
Juli	☐	☐	☐
August	☐	☐	☐
September	☐	☐	☐
Oktober	☐	☐	☐
November	☐	☐	☐
Dezember	☐	☐	☐

Gute Tage: etwa _____ Stück
Schlechte Tage: etwa _____ Stück
Total durchschnittliche Tage: etwa _____ Stück

Insgesamt gesehen war das Jahr also
☐ gut ☐ schlecht ☐ durchwachsen

Diesen Moment würde ich gerne noch einmal erleben: _____
_____
_____
_____
_____ , weil _____
_____
_____

Der schönste Tag: _____

Warum? _____

_____

_____

_____

_____

_____

Der beste Monat: _____

Und wieso? _____

_____

_____

_____

_____

Der schlimmste Tag: _____

Warum? _____

_____

_____

_____

_____

Der blödeste Monat: _____

Aber weshalb? _____

_____

_____

_____

_____

Davon werde ich noch in 20 Jahren erzählen: _____

_____

_____

_____

_____

_____

_____

_____

_____

Und das würde ich gerne für immer vergessen: _____

_____

_____

_____

_____

_____

Der dunkelste Tiefpunkt war _____

_____

_____

_____

_____)

aber daraus habe ich Folgendes gelernt: _____

_____

_____

_____

_____

Die größte Überraschung war _____

_____

_____

_____

Diese meiner Ziele habe ich erreicht: _____

_____

_____

_____

_____

_____

Und diese konnte ich bisher leider nicht erreichen: _____

_____

_____

_____

_____, das ist aber halb so wild.

Ich bin mit meinem Leben ☐ zufrieden ☐ unzufrieden,
weil_____

_____

_____

_____

_____

_____

_____